Dr. Oetker

So geht das!

Die wichtigsten
Grundrezepte
in einem Buch

Spaghetti mit Tomatensauce Titelrezept

Für die Tomatensauce:
2 Zwiebeln (80 g)
2 Knoblauchzehen
3 EL Olivenöl
4 EL Tomatenmark
100 ml Gemüsebrühe
1 Dose stückige Tomaten
(400 g)
1 Stängel Oregano
Salz
frisch gemahlener Pfeffer
Paprikapulver, rosenscharf
einige Stängel Basilikum zum
Garnieren
1 Prise Zucker

4 l Wasser
4 gestr. TL Salz
500 g Spaghetti

100 g geriebener Parmesan-
Käse

Spaghetti mit Tomatensauce
4 Portionen

Zubereitungszeit: etwa 35 Minuten

1. Für die Sauce Zwiebeln und Knoblauch abziehen und fein würfeln.

2. Olivenöl in einem Topf erhitzen. Zwiebel- und Knoblauchwürfel 5 Minuten bei schwacher Hitze darin andünsten. Tomatenmark, Gemüsebrühe, stückige Tomaten und Oregano hineingeben und aufkochen lassen. Mit Salz, Pfeffer und Paprika würzen.

3. Die Sauce im geschlossenen Topf bei schwacher Hitze 10 Minuten köcheln lassen.

4. Wasser in einem großen Topf, mit aufgelegtem Deckel, zum Kochen bringen. Dann Salz und Spaghetti hinzugeben. Die Spaghetti im geöffneten Topf, bei mittlerer Hitze, nach Packungsanleitung kochen lassen, dabei zwischendurch 4-5-mal umrühren.

5. Inzwischen Basilikum von den Stängeln zupfen, abspülen, trockentupfen, Blätter abzupfen.

6. Spaghetti in ein Sieb geben, mit heißem Wasser abspülen und abtropfen lassen.

7. Tomatensauce mit Salz, Pfeffer und Zucker abschmecken, Oreganostängel entfernen. Spaghetti mit der Sauce in tiefen Tellern anrichten, mit Käse bestreuen. Mit Basilikum garnieren.

Dr. Oetker

So geht das!

Die wichtigsten Grundrezepte in einem Buch

Dr. Oetker Verlag

4 · 5 _Vorwort

Vorwort

„Kochen – so geht das" ist das neue Grundkochbuch von Dr. Oetker. Damit legen Sie auf jeden Fall einen guten Start in den Küchenalltag hin. Schließlich soll Ihnen das Kochen Spaß machen. Damit dem so ist, haben wir Ihnen genau die richtigen „Zutaten" dafür zusammengestellt.

Die Gestaltung ist übersichtlich und Sie finden schnell, was Sie suchen. Jedes Rezept wird Schritt für Schritt erklärt und gelingt Ihnen sicher. Wenn Sie Fragen haben, finden Sie in den Ratgeberteilen zügig Antworten darauf. Anhand vieler Fotos geben wir Ihnen nicht nur optische Anreize für fertige Gerichte, sondern auch praktische Hilfen.

Die vielseitigen Rezepte von klassisch bis modern und raffiniert bis exotisch bringen Abwechslung auf den Tisch. Sie werden Gerichte entdecken, die Sie schon als Kind geliebt haben. Aber auch ganz neue Düfte werden Ihre Küche erfüllen. Denn Ihrer Experimentierfreude sind durch die Variationsmöglichkeiten der Rezepte keine Grenzen gesetzt. So wird das Kochen vielleicht schon bald zu Ihrer neuen Leidenschaft.

So einfach geht das – mit Dr. Oetker und Rezepten, die garantiert gelingen.

Hinweise zu den Rezepten

Lesen Sie bitte vor der Zubereitung – besser noch vor dem Einkaufen – das Rezept einmal vollständig durch. Oft werden Arbeitsabläufe oder -zusammenhänge dann klarer.

Die in den Rezepten angegebenen Gartemperaturen und -zeiten sind Richtwerte, die je nach individueller Hitzeleistung des Backofens über- oder unterschritten werden können. Bitte beachten Sie deshalb bei der Einstellung des Backofens die Gebrauchsanweisung des Herstellers.

Zubereitungszeiten

Die Zubereitungszeit beinhaltet nur die Zeit für die eigentliche Zubereitung, die Garzeiten sind im Rezept ausgewiesen. Längere Wartezeiten wie z. B. Kühlzeiten sind ebenfalls nicht mit einbezogen.

Abkürzungen

EL	= Esslöffel	**gestr.**	= gestrichen
TL	= Teelöffel	**TK**	= Tiefkühlprodukt
Msp.	= Messerspitze	**°C**	= Grad Celsius
Pck.	= Packung/Päckchen	**Ø**	= Durchmesser
g	= Gramm	**E**	= Eiweiß
kg	= Kilogramm	**F**	= Fett
ml	= Milliliter	**Kh**	= Kohlenhydrate
l	= Liter	**kcal**	= Kilokalorien
evtl.	= eventuell	**kJ**	= Kilojoule
geh.	= gehäuft		

Wir wünschen Ihnen viel Spaß beim Ausprobieren, Entdecken und Genießen.

_Kapitelübersicht

Seite 14 – 29 Suppen & Eintöpfe

Seite 30 – 43 Saucen & Dips

Seite 44 – 55 Salate

Seite 56 – 69 Fisch & Meeresfrüchte

Seite 70 – 89 Fleisch

Seite 90 –101   **Eierspeisen**

Seite 102 – 119   **Gemüse**

Seite 120 – 145   **Kartoffeln, Nudeln & Reis**

Seite 146 – 155   **Desserts**

Ratgeber
Kleines Küchenlatinum

Es ist noch kein Küchenmeister vom Himmel gefallen! Ein wenig Grundlagenwissen hilft Ihnen über manche Hürde beim Kochen hinweg. Schließlich soll Ihnen das Kochen Spaß machen. Darum haben wir Ihnen das Wichtigste übersichtlich zusammengestellt – auch zum schnellen Nachschlagen für zwischendurch.

Werden Sie zum Küchenmanager – Einkauf und Lagerung

Die meisten Lebensmittel schmecken frisch am besten. Trotzdem kann ein kleiner Vorrat sehr praktisch sein. Grundnahrungsmittel sollten Sie immer da haben. Wohin außerdem mit den Resten angebrochener Packungen? Wer seine Lebensmittel richtig lagert, nimmt nur kleine geschmackliche Einbußen in Kauf und spart viel Zeit beim Einkauf. Achten Sie trotzdem immer auf das Mindesthaltbarkeitsdatum. Schnell verderbliche Lebensmittel gehören in den Kühlschrank.

• Lagerung im Kühlschrank
Ab in den Kühlschrank – Alles was schnell verdirbt
- Achten Sie auf eine Kühlschranktemperatur zwischen +2 °C und +8 °C
- Länger frisch bleibt Obst und Gemüse in den dafür vorgesehenen Schalen
- Pilze in Papiertüten lagern
- Speisen abdecken, damit sie nicht austrocknen und Gerüche übertragen werden
- Geöffnete Konserven oder Kondensmilch (in Weißblechdosen) in ein anderes Gefäß umfüllen
- Gegarte Speisen vorher abkühlen lassen

• Das Einfrieren
Ohne Qualitätsverlust in den Tiefkühlschlaf
Tiefgefroren bleiben Lebensmittel lange haltbar. Das „Schockgefrieren" verhindert Qualitätseinbußen. Bei mindestens -30 °C sollte das Gefriergut so schnell gefrieren, das sich im Inneren möglichst kleine Eiskristalle bilden. Ist die Gefriertemperatur höher, bilden sich größere Eiskristalle. Das Zellgewebe verändert sich, wird sogar zerstört und das Aussehen sowie der Nährstoffgehalt nach dem Auftauen wird beeinträchtigt. Die Lagertemperatur sollte mindestens -18 °C betragen.

Richtig auftauen
- Gefriergut, das auftaut, sollte nie in der Flüssigkeit liegen, idealerweise ein Sieb verwenden
- Würzen Sie Lebensmittel erst nach dem Auftauen, da Salz und Zucker den Speisen Eigensaft entziehen und Gewürze ihren Geschmack verlieren
- Gefrorenes zieht im warmen Raum Feuchtigkeit, darum abdecken
- Aufgetautes innerhalb von 24 Stunden weiterverarbeiten
- Angetaute oder aufgetaute Lebensmittel nicht wieder einfrieren

- Rohe aufgetaute Produkte, die nach dem Auftauen gegart worden sind, können als fertige Mahlzeit wieder eingefroren werden
- Gemüse gefroren weiterverarbeiten
- Kleine Fleisch- oder Fischportionen können bereits angetaut weiterverarbeitet werden
- Angetautes, nicht vollkommen aufgetautes Fleisch lässt sich sehr gut klein schneiden
- Im Gefrierbeutel eingefrorene Speisen im Wasserbad auftauen und erwärmen
- Mikrowelle: nicht direkt aus dem Tiefkühlgerät in die Mikrowelle, erst einige Minuten bei Raumtemperatur hinstellen

Gefahren vermeiden – gut geschützt gegen Salmonellen & Co.
Der richtige Umgang mit Lebensmitteln fördert und schützt Ihre Gesundheit. Der Lagerung und Aufbewahrung bestimmter Lebensmittel sollten Sie daher besondere Aufmerksamkeit schenken und folgende Grundregeln beachten:
- **Leicht verderblich:** Lebensmittel tierischer Herkunft immer im Kühlschrank bei einer Temperatur unter +7 °C aufbewahren
- **Empfindliche Lebensmittel:** die als mögliche Träger von Salmonellen gelten, vor allem Geflügel, Wild, Fisch, Krusten-, Schal- und Weichtiere getrennt von anderen Lebensmitteln aufbewahren und zubereiten
- **Vorsicht Tauwasser:** Beim Auftauen von gefrorenem Geflügel und Fleisch darauf achten, dass das Tauwasser nicht andere Lebensmittel verunreinigt. Diese Lebensmittel immer auf einer abwaschbaren Unterlage verarbeiten und zubereiten
- **Heiß und schnell:** Geflügel, Fleisch und Fisch immer gut durchbraten, Hackfleisch noch am Tag der Herstellung verbrauchen
- **Mikrowelle:** Bei der Zubereitung von Speisen in der Mikrowelle darauf achten, dass diese gleichmäßig auf eine Temperatur von mindestens 80 °C erhitzt werden
- **Vorsicht rohe Eier:** Für Speisen, die mit rohen Eiern zubereitet werden (z. B. Mayonnaise), nur ganz frische Eier verwenden, die nicht älter als 5 Tage sind (Legedatum beachten!). Die fertige Speise im Kühlschrank aufbewahren und innerhalb von 24 Stunden verzehren
- **Hygiene ist wichtig:** vor und während der Küchenarbeit möglichst oft die Hände mit warmem Wasser und Seife waschen

Die modernen Feuerstellen – Herdarten
Der Elektroherd
Elektroherde haben entweder Kochmulden mit 4 Kochplatten oder Glaskeramik-Kochfelder. Die meisten Kochplatten bzw. Kochfelder lassen sich entweder über eine Skala von 1–3 Stufen (jeweils um $1/2$ Stufe aufwärts), eine Skala von 1–9 oder eine etwas empfindlichere Skala von 1–12 Stufen steuern. Blitz- und Schnellkochplatten erkennt man meistens an einem roten Punkt. Da sie sich sehr zügig aufheizen, sind sie gut zum schnellen Ankochen, Aufkochen oder Anbraten geeignet.

Der Gasherd
Seine Kochstellen haben jeweils einen Brennkopf und -deckel. Aus den Öffnungen des Deckels tritt bei Inbetriebnahme Gas aus, das

durch eine Flamme entzündet wird. Die Hitzezufuhr erfolgt schnell und direkt. Die Regelung erfolgt stufenlos.

Der Induktionsherd

Beim induktiven Kochen wird die Wärme durch elektromagneti-sche Wechselfelder direkt im Topfboden erzeugt. Die Wärme entsteht unmittelbar dort, wo sie gebraucht wird. Das Glaskera-mikkochfeld bleibt dabei kalt. Benötigt werden allerdings für diese Herdart Töpfe mit speziell ausgerüsteten bzw. magnetischen Böden.

Der Backofen

Moderne Backöfen bieten viele unterschiedliche Beheizungsfunk-tionen, auf die je nach Bedarf umgeschaltet werden kann.
a. Ober- und Unterhitze – Heizschlangen im oberen und unteren Backofenraum erzeugen Wärme, die Strahlung und Luftströ-mung an das Gargut und das Gargeschirr abgeben. Eine optimale Wärmeübertragung wird erzielt, wenn nur eine Einschubleiste in der Backofenmitte mit Gargut bestückt wird. Unabhängig von der Garzeit den Backofen immer vorheizen.
b. Heißluft/Umluft – Ein in der Backofenrückwand eingebautes Gebläse wälzt die erwärmte Luft im gesamten Backofeninnenraum um. Dieses System ermöglicht das gleichzeitige Garen in verschie-denen Etagen. Bei Garzeiten über 30 Minuten kann ein Vorheizen des Backofens entfallen.
c. Grillen – Flache Grillstücke werden durch Strahlungshitze der oberen Heizschlangen gegart und an der Oberfläche knusprig. Beim Umluft-Grill wird die Strahlungshitze durch ein Gebläse um das Grillgut herum geleitet. Die Bräunung erfolgt, ohne dass das Gargut gedreht werden muss.

Mikrowelle

In der Mikrowelle werden die Wassermoleküle innerhalb der Lebensmittel durch elektromagnetische Wellen in Schwingung versetzt, wobei Wärme entsteht. Speisen können so aufgetaut, erhitzt und gegart werden, wobei die Garzeiten erheblich ver-kürzt sind. Es darf nur mikrowellengeeignetes Geschirr verwendet werden.

Alles gar? – eine Frage der Methode

Für das Gelingen und Garmachen von Zutaten und Gerichten gibt es viele Möglichkeiten. Welche Garmethode Sie einsetzen, hängt natürlich vom Rezept ab, aber auch von der Technik Ihrer Küche und wie es Ihnen am besten schmeckt. Besonders gesund ist eine möglichst fettarme Zubereitung und eine nährstoffschonende Garmethode wie das Dünsten oder Dämpfen. Wenn Sie die Garzeit so kurz wie möglich halten und zubereitete Speisen nicht zu lange warm halten, erzielen Sie das gesündeste Garergebnis.

Braten im Backofen

Garen und Bräunen durch heiße Luft und Fett bzw. Flüssigkeit aus dem Gargut. Krustenbildung bei hoher Temperatur, Garen bei mittlerer Hitze in einem Gefäß oder am Spieß.

Dämpfen

Garen im Wasserdampf mit Siebeinsatz bei Temperaturen um etwa 100 °C. Nährstoffe bleiben weitgehend erhalten, daher die ideale Garmachungsmethode. Gewürze und Kräuter übertragen ihre Aromen und Geschmacksstoffe, wenn sie direkt in die Dämpf-flüssigkeit gegeben werden.

Dünsten

Garen durch Wasserdampf und wenig Flüssigkeit wie Saft und Fett aus dem Gargut, Fond oder Wein, bei Temperaturen unter 100 °C in geschlossenem Geschirr.

Garziehen

Garen in siedender Flüssigkeit bei Temperaturen zwischen 80 und 90 °C. Die Flüssigkeit darf nicht kochen, sondern sich nur leicht bewegen.

Grillen

Garen und Bräunen durch Strahlungs- oder Kontakthitze bei hoher Temperatur (im Backofen, auf dem Holzkohle- oder Elektrogrill). Das Grillgut erst nach dem Grillen salzen. Für das Grillen mit Holz-kohle empfiehlt sich die Verwendung von Alufolie oder spezielle Grillschalen.

Foliengaren

Nährstoffschonendes Garen in einer hitzebeständigen Folie im Backofen im eigenen Saft bei Temperaturen um 200 °C. Alufolie nicht zu eng um das Gargut legen, damit Platz für die Dampfent-wicklung bleibt. Gut verschließen, es sollte keine Flüssigkeit ent-weichen können. Die Folienpäckchen auf den Backofenrost legen oder in feuerfeste Form. Die Garzeit verlängert sich um etwa ein Drittel gegenüber der üblichen Garzeit.
Spezielle Bratfolie lässt die Hitzestrahlen durch und das Gargut wird schön braun. Bratfolie gibt es als Schlauch oder Beutel, ist geruchsneutral und bis etwa 230 °C hitzebeständig. Auch hier großzügig das Gargut einpacken, dicht verschließen, damit sich die Folie aufplustern kann. Vor dem Garen mit einer dünnen Nadel ein paar Löcher in die Folie stechen, sie könnte sonst platzen.

Kochen

Garen in einer großen Menge siedender Flüssigkeit bei etwa 100 °C.

Kurzbraten

Garen und Bräunen in wenig Fett ohne Deckel. Bratgut in sehr heißem Fett in der Pfanne anbraten. Nach dem Bräunen Hitze verringern.

Frittieren

Garen, Bräunen und Ausbacken im heißen Fettbad bei Tempe-raturen zwischen 170 °C und 200 °C. Lebensmittel wie Pommes frites, Kroketten, Krapfen, panierte Fisch- und Fleischportionen werden in Fett schwimmend ausgebacken und knusprig gebräunt. Eine fettige Angelegenheit, auch für die Ernährung. Das Frittiergut möglichst erst auf Küchenpapier abtropfen lassen.

Schmoren

Wärmeüberträger sind Fett, Flüssigkeit und Dampf. Schmorstück ins sehr heißes Fett geben und gleichmäßig anbraten. Bis zu einem Viertel der Höhe des Schmorguts mit Fond, Wein, Sauce oder Wasser aufgießen, Kochgeschirr abdecken und bei mittlerer Hitze langsam garen.

Schnellkochen

Garen im Schnellkochtopf ohne Bräunung. In dem luft- und wasserdicht verschlossenen Topf entsteht bei der Erwärmung der Flüssigkeit ein Überdruck, der die Temperatur ansteigen lässt. Die hohe Temperatur verkürzt die übliche Garzeit um etwa zwei Drittel. Zum Schnellgaren eignen sich besonders Speisen mit einer langen Garzeit wie z. B. Hülsenfrüchte, Suppenfleisch und Suppenhuhn. Für eine kräftigen Sauce ist es notwendig, die Zutaten zunächst kräftig anzubraten. Ist die gewünschte Bräunung erreicht (z. B. Rouladen, Gulasch, Schmorbraten), etwas Flüssigkeit angießen, Topf verschließen und das Gericht unter Druck fertig garen.

Tontopf (Römertopf®)

Schonendes, fettarmes Garen im eigenen Saft mit oder ohne Bräunung. Der Tontopf wird vor jeder Benutzung einige Zeit in kaltem Wasser gewässert. Dabei zieht der Ton Wasser, das er beim Garen als Dampf wieder abgibt. Alles bleibt schön saftig und aromatisch. Den Tontopf immer in den kalten Backofen stellen, dann erst die Temperatur wählen.

Wasserbad

Langsames Erwärmen in einem offenen Gefäß, das in einem, mit heißem, nicht kochendem Wasser gefüllten Topf hängt. Ideal für Gerichte, die bei der Zubereitung direkt auf dem Herd gerinnen oder leicht anbrennen, z. B. Sauce Hollandaise, Bayerische Creme und Eierstich.

Portionsgrößen berechnen – so wird jeder satt

Ob allein, als Familie oder mit Gästen, mit der richtigen Menge planen Sie auch Ihren Einkauf optimal. Folgende Zutatenmengen benötigen Sie pro Portion und Mahlzeit:

Vorsuppe:
150–250 ml (fertiges Gericht)

Hauptgerichte:
Suppe: 375–500 ml (fertiges Gericht)
Eintöpfe: 500–600 g (fertiges Gericht)
Fleisch ohne Knochen: etwa 150 g (Rohware)
Fleisch mit Knochen: etwa 200 g (Rohware)
Fischfilet: 150–200 g (Rohware)
Fisch, ganz: 200–300 g (Rohware)
Teigwaren: 100–125 g (Rohware)

Beilagen:
Sauce: etwa 100 ml (fertiges Gericht)
Gemüse: etwa 200 g (geputzt)
Salat: 40–50 g (geputzt)

Kartoffeln: etwa 200 g (geschält)
Reis, Hirse, Graupen usw.: 50–75 g (Rohware)

Teigwaren:
60–80 g (Rohware, trocken)

Dessert:
Obstsalat: 150–200 g (fertiges Gericht)
Pudding: 125–175 g (fertiges Gericht)

Ihr Handwerkzeug für die Küche

Abwiegen, schnippeln, schneiden oder mixen – mit dem richtigen Küchenwerkzeug und Gerät geht Ihnen alles besser von der Hand. Mühseliges Herumhantieren verbreitet nicht nur schlechte Laune, sondern beeinträchtigt auch das Kochergebnis. Darum: gut ausgerüstet ist halb gekocht. Zur Grundausstattung gehören vor allem Koch- und Küchenmesser in unterschiedlichen Größen und Formen. Bei den Messern sollten Sie besonders auf hohe Qualität achten. Wählen Sie eine gute Stahlsorte, damit die Messer lange funktionstüchtig und haltbar sind. Unsere Empfehlung für Ihr Küchenequipment:

1 Brotmesser
1–2 Küchenmesser
1 Sparschäler
1 Fleischmesser
1 Knoblauchpresse
1 Küchenschere
je 1 kleiner und 1 großer Kochtopf
1 Bratentopf bzw. Bräter
1 Stieltopf
1 Schüssel-Set
1 Auflaufform
je 1 große und 1 kleine Pfanne (mit Antihaftbeschichtung)
1 Kurzzeitmesser
1 Messbecher
1 elektrisches Handrührgerät mit Rührbesen, Knethaken, Pürierstab, Schneidstab
1–2 Schneidebretter
1 Küchenwaage
1 Kuchenrost (-gitter)
1 Kartoffel- oder Spätzlepresse
1 Vielzweck-Rohkostreibe
1 Salatsieb und 1 Teesieb
1 Salatbesteck
1 Salatschleuder
1 Pfannenwender
1 Schöpfkelle
1 Kochlöffel
1 Saucenlöffel
1 Schaumkelle
1 Schneebesen
1 Backpinsel
1 Dosenöffner
1 Flaschenöffner
1 Zitronenpresse

1 Pfeffermühle
1 Salzstreuer
1 Muskatreibe
1 Zerkleinerer

Damit Sie wissen, was gemeint ist – Küchenglossar

Finden Sie in den Rezepten Begriffe, die nicht näher erklärt werden, schlagen Sie einfach hier nach:

Abdämpfen
wird die Verringerung überschüssiger Flüssigkeit bei gegarten Lebensmitteln genannt (z. B. gekochte Kartoffeln).

Abhängen
muss Fleisch oder Wild, damit es schön zart wird. Vor seiner Weiterverarbeitung wird es daher eine Zeit lang kühl gelagert bzw. aufgehängt.

Ablöschen
geschieht dann, wenn Mehlschwitze, Saucenfond, angebratenes Fleisch oder Karamell unter Rühren mit Flüssigkeit aufgefüllt wird und ein zischendes Geräusch entsteht.

Abschäumen
Entfernen von überflüssigem Schaum, der nach dem ersten Aufkochen durch geronnenes Eiweiß entsteht (z. B. bei der Herstellung von Brühen oder Konfitüren).

Abschlagen
ist das Vermengen der Zutaten für Saucen oder Cremes im Wasserbad. So lange mit dem Schneebesen schlagen, bis eine gebundene Masse entstanden ist.

Abschrecken
kann man heiße Speisen, indem man sie ganz kurz mit kaltem Wasser abbraust. Z. B. lassen sich Eier dann leichter pellen und Reis klebt nicht mehr.

Abziehen
ist der Vorgang, wenn Flüssigkeiten wie Milch, Saucen, Fleischbrühen oder Suppen mit einer Mischung aus Sahne und Eigelb verrührt bzw. gebunden werden. Danach nicht mehr aufkochen.

Ausbacken
geschieht beim Frittieren. Paniertes oder mit Teig umhülltes Fleisch, Fisch, Obst oder Gemüse wird in heißem Fett schwimmend gegart.

Ausbeinen
ist das Herauslösen der Knochen aus rohem Wild, Fleisch oder Geflügel.

Auslassen
bezeichnet die Erwärmung von klein geschnittenen, fetthaltigen Lebensmitteln zur Fettgewinnung (z. B. Speck).

Binden, Andicken
durch Zugabe von Bindemitteln (z. B. Mehl, Speisestärke, Saucenbinder) werden Flüssigkeiten sämig gemacht.

Blanchieren
ist das kurze Vorgaren von Lebensmitteln in kochendem Wasser und rasches Abkühlen in Eiswasser.

Entfetten
kann man Brühe oder Sauce nach dem Erkalten. Mit einem Löffel wird das Fett, das sich oben abgesetzt hat, entnommen.

Filieren, Filetieren
bezeichnet das Entgräten, Enthäuten oder Entfetten von rohen, tierischen Lebensmitteln.
Aber auch das Herauslösen von Filets einer Zitrusfrucht.

Legieren
Einrühren von Eigelb, Sahne oder Butter in eine nicht mehr kochende Flüssigkeit.

Marinieren
bezeichnet das Einlegen (Beizen) in eine aromatisierte Flüssigkeit, um Geschmack zu geben, einige Zeit vor dem Verderb zu bewahren oder um Fleisch und Wild zarter zu machen.

Mehlieren
etwas vor dem Braten in Mehl wenden (z. B. Leber, Schnitzel, Fischfilet).

Panieren
ist das Umhüllen von gewürzten Speisen: durch verschlagenes Ei oder flüssige Butter ziehen und in Mehl oder Semmelbrösel (Paniermehl) wenden.

Parieren
ist das Zurechtschneiden oder Beschneiden von Fleisch oder Fisch, die so von Fett und Sehnen befreit werden.

Passieren
Weiche, rohe oder gegarte Lebensmittel oder Speisen durch ein Sieb streichen.

Pochieren
Lebensmittel, die bei Siedehitze gar ziehen, ohne zu kochen (z. B. pochierte Eier).

Reduzieren/Einkochen
geschieht beim Kochen von Brühen, Suppen und Saucen in einem offenen Gefäß mit großem Durchmesser. Dabei verdampft Flüssigkeit und macht das Kochgut konzentrierter und sämig.

Schälen, Pellen, Abziehen
heißt das Entfernen von Schalen (z. B. bei Kartoffeln, Gurken, Bananen, Zwiebeln, Knoblauch, Eier).

Schlagen, Aufschlagen
Luft in Lebensmittel einarbeiten (z. B. bei Schlagsahne oder Eiweiß).

Tranchieren
Rohe oder gegarte Lebensmittel in Scheiben oder Teile schneiden.

Unterheben, Unterziehen
Gleichmäßiges Verteilen oder lockeres Einarbeiten unter eine Masse, nicht rühren (z. B. Eischnee oder geschlagene Schlagsahne unter eine Masse heben).

Kräuterkunde – keine Hexenkunst

Sie sind das I-Tüpfelchen: Küchenkräuter verleihen Gerichten wunderbare Geschmacksnoten. Viele der Gewürzkräuter haben zudem gesundheitsfördernde Wirkungen und erfüllen jede Küche mit herrlichen Düften. Kräuter werden einzeln, aber auch kombiniert verwendet und helfen als Geschmacksträger Salz zu sparen. Die meisten lassen sich frisch gut einfrieren oder trocknen und dekorativ aufbewahren. Probieren Sie es selbst aus!

Lagerung und Verarbeitung
• Frische Bundkräuter ins Wasser stellen. Vorher die Stielenden abschneiden oder locker in Frischhaltefolie einwickeln und im Kühlschrank aufbewahren.
• Vor dem Verarbeiten frische Kräuter unter kaltem Wasser sorgfältig abspülen und gründlich trockentupfen oder -schütteln.
• Kleinblättrige Kräuter (z. B. Thymian, Majoran) zum Abstreifen der Blätter am oberen Teil des Stängels festhalten. Dann die Blätter mit der Hand von oben nach unten abstreifen.
• Die Kräuter erst unmittelbar vor der Weiterverarbeitung mit einem scharfen Messer zerkleinern, sonst geht das Aroma verloren. Schnittlauch lässt sich gut mit einer scharfen, sauberen Küchenschere klein schneiden.

Basilikum
Gewürzkraut mit kräftigen grünen Blättern. Aromatisch im Geruch und sehr würzig im Geschmack. Passt zu: Lamm, Geflügel, Fisch, Eiern, Salaten (besonders Tomatensalat), Rohkost, Gemüse und Nudeln.

Bohnenkraut
Spitz zulaufende, intensiv grüne Blättchen mit pfefferartigem Geruch und Geschmack. Passt zu: Bohnengerichten und Gemüse, pikanten Salaten, Eintöpfen, Getreide- und Hülsenfruchtgerichten, Kartoffeln.

Borretsch
Handgroße, ovale, leicht behaarte, mittelgrüne Blätter. Leicht gurkenartig im Geschmack. Passt zu: Salaten, Saucen, Gemüse, Eier-, Quark- und Joghurtspeisen, Suppen.

Dill
Stiele mit mehrfach gefiederten, hellgrünen Blattzipfeln. Angenehm würzig, leicht fenchelartig im Geschmack. Passt zu: Rohkost, Salaten, Krustentieren, hellen Geflügel- und Fleischgerichten, Fisch, Eier- und Quarkspeisen, Gurken, Suppen, Saucen.

Estragon
Buschig verzweigte Triebe mit schmalen, dunkelgrünen Blättern. Das Aroma ist unverwechselbar, leicht bitter und süß. Harmoniert besonders gut mit Basilikum, Salbei, Zitrone, Schnittlauch und Kerbel. Passt zu: Suppen, Saucen, gebratenem Fisch, hellen Geflügel- und Fleischgerichten, Gemüse, Getreidespeisen und Omeletts.

Koriander
Koriander hat gefiederte, hellgrüne Blättchen, die als junge Pflanzen an Anis erinnern. Mit frischem Koriander würzt man vorzugsweise orientalische, indische, karibische und mexikanische Gerichte. Der gemahlene Koriandersamen eignet sich für asiatische Speisen, eingelegtes Gemüse, Gerichte mit Kohl, zum Beizen, Brotbacken und für die Weihnachtsbäckerei.

Kresse
Gartenkresse hat hellgrüne, kleine, zarte Blättchen. Kräftig, würzig im Geschmack. Kresse wird in Kästchen aber auch zum Selberziehen angeboten und macht sich gut auf der Fensterbank. Passt zu: Suppen, Saucen, Salaten, Rohkost, Quark-, Joghurt- und Eierspeisen, Kräuterbutter, auf Brot.

Liebstöckel (Maggikraut)
An röhrenförmigen Stängeln sitzen große, gezackte Blätter. Auch als Maggikraut bekannt erinnert sein Geschmack an Sellerie, pikant-süßlich. Da Liebstöckel sehr würzig ist, nur sparsam verwenden. Liebstöckel passt geschmacklich gut zu Majoran, Thymian, Zwiebeln und Knoblauch. Passt zu: deftigen Suppen und Eintöpfen, Füllungen, Brühen, Hülsenfrüchten, Getreidegerichten, Gemüse, pikanten Salaten.

Lorbeer
Ein immergrüner Strauch mit kurzstieligen, lanzettenähnlichen Blättern und glänzender Oberfläche. Die getrockneten Lorbeerblätter werden mitgekocht oder geschmort und entfalten dann ihr herb-würziges Aroma. Nur sparsam verwenden. Vor dem Servieren wieder herausnehmen. Passt zu: Fleisch-, Fisch- und Wildgerichten, Saucen, Eintöpfen, Marinaden und ideal zum Beizen.

Majoran
Kleine, eiförmige Blättchen wachsen an strauchartiger Staude. Majoran ist frisch, getrocknet, geschnitten oder gemahlen im Handel. Sein Geschmack erinnert leicht an Thymian, ist leicht brennend und süßlich. Verträgt sich gut mit Basilikum und Rosmarin. Macht fette Speisen bekömmlicher. Passt zu: Suppen, Saucen, Füllungen, Pasteten, Lammfleisch, Hackfleisch, Getreidegerichten, Erbsen- und Bohneneintöpfen, pikanten Salaten, Gemüse, Kartoffeln, Wurstwaren.

Minze
Neben der Pfefferminze und Zitronenminze gibt es viele weitere Minz-Arten. Die Blätter sind länglich, fast dreieckig und an den Rändern scharf gezackt. Ihr Geschmack sehr würzig, frisch und kräftig, daher nur sparsam verwenden. Passt zu: Ragouts, Füllungen, Lamm, Wild, Eintöpfen, Hülsenfrüchten, Süßspeisen und Obstsalaten.

Oregano
Dem Majoran nahe verwandt, von ähnlichem angenehm bitteren Geschmack. Ein typisches Gewürz der italienischen Küche, dass sein volles Aroma erst beim Kochen oder Backen entfaltet. Passt zu: Nudelgerichten, pikanten Saucen, Pizzen, Gemüsegerichten.

Petersilie
In glatt- und krausblättrigen Sorten erhältlich. Charakteristischer frisch-süßlicher, leicht bitterer Geruch und Geschmack. Verträgt sich mit allen anderen Kräutern. Das Universalkraut der Küche schlechthin. Petersilienwurzel gehört in manchen Gegenden mit zum Suppengrün. Passt zu: fast allen Fleisch- und Fischgerichten, Gemüse, Suppen, Saucen, Teigwaren, Eintöpfen, Aufläufen.

Rosmarin
Schmale, zusammengerollte Blätter sitzen an kleinem, immergrünen Strauch. Im Duft aromatisch-harzig und im Geschmack würzig, kräftig, leicht bitter. Passt zu: Lammfleisch, Braten, Geflügel, Fisch, Wild, Kartoffeln, Getreide- und Hülsenfruchtgerichten, würzigen Saucen, Pilzen, Zucchini, Auberginen.

Salbei
Graugrüne, filzige Blätter mit typisch würzigem, leicht bitterem Geschmack. Sparsam einsetzen. Passt zu: Fisch, Schweinefleisch, italienischen Gerichten, Lamm, Geflügel, Getreidegerichten, Teigwaren, Reis, Füllungen, Tomaten.

Schnittlauch
Man verwendet die ganzen dünnen, röhrenartigen Blätter dieses Lauchgewächs. Im Geschmack würzig und scharf als Universalkraut zu verwenden. Passt zu: Suppen, Saucen, Salat, Fisch- und

Fleischgerichten, Kräuterbutter, Teigwaren, Reis, Gemüse, Eintöpfen, Eier-, Quark- und Joghurtgerichten.

Thymian

Kleine, ovale, dunkelgrüne Blätter an niedrigem Strauch. Starkes Aroma, leicht brennend und bitter im Geschmack. Harmonisiert nur mit ebenfalls stark aromatisierenden Kräutern wie Majoran, Petersilie oder Lorbeer. Passt zu: allen Braten und kräftigen Fleischgerichten, Suppen, pikanten Salaten, Hülsenfrucht- und Getreidegerichten, Gemüse, Reis, Kräuteressig.

Zitronenmelisse

Langstieliges Gewürzkraut mit zartgrünen, ei- bis herzförmigen Blättern. Zitronenartiger und würziger Geschmack. Passt zu: Salaten, Saucen, Eiern, Quark- und Joghurtgerichten, Obstsalaten, Tee und Erfrischungsgetränken.

Gewürzkunde – den Geschmack beflügeln

Gewürze – empfindliche Geschmackgeber

• Kaufen Sie Gewürze möglichst ungemahlen. Werden diese erst unmittelbar vor der Verwendung zerkleinert (Pfeffermühle, Muskatreibe, Mörser usw.), bleiben die Aromastoffe am besten erhalten.
• Bewahren Sie nur kleine Mengen gemahlener Gewürze auf. Durch lange Aufbewahrung oder unter Lichteinfluss geht das Aroma verloren. Daher dunkel in geschlossenen Behältern lagern.
• Vorsicht vor Kochdämpfen: dadurch verklumpen und verderben Gewürze schnell.
• Vorsicht vor zu heißem Fett: Viele Gewürze werden durch zu starkes Anbraten bitter und verbrennen.

Curry

Gelbe Gewürzmischung aus 12–15 verschiedenen Gewürzen. Exotische Gerichte, Reis- und Getreidegerichte, Geflügel, Fisch, Saucen.

Gewürznelken

Getrocknete Blütenknospen, die ganz oder gemahlen verwendet werden. Stark aromatischer Geruch und brennender Geschmack. Werden mitgekocht und vor dem Servieren herausgenommen. Rotkohl, Sauerbraten, Reis, Wild, Kompott, Gebäck, Glühwein, Marinaden.

Ingwer

Knollige Wurzelstöcke, die man frisch oder getrocknet und gemahlen verwendet. Im Geschmack brennend scharf, erfrischend, aromatisch. Asiatische Gerichte, Geflügel, Lammbraten, süßsauer eingelegte Früchte, Süßspeisen, Gebäck, Marmeladen und Gelees.

Koriander

Koriander ist die pfefferkorngroße Samenfrucht eines Doldengewächs. Die Samen sind gelblich-braun und von mildem, aber scharf-aromatischen Geschmack.
Der gemahlene Koriandersamen eignet sich für asiatische Speisen, eingelegtes Gemüse, Gerichte mit Kohl, zum Beizen, Brotbacken und für die Weihnachtsbäckerei.

Kreuzkümmel (Cumin)

Sichelförmiger Samen, der ganz oder gemahlen verwendet werden kann, schärfer als Kümmel.
Gerichte mit orientalischer Note, Auberginen, Currys.

Kümmel

Fruchtsamen in gemahlener oder ganzer Form. Schmeckt anisähnlich, herb.
Kohl- und Kartoffeln, Hackfleisch, Brot, Quark, Saucen.

Muskatnuss

Frucht des immergrünen Muskatbaumes mit sehr strengem, feurigen, leicht bitteren Geschmack. Der gemahlene Samenmantel der Muskatnuss ist als Muskatblüte (Macis) erhältlich. Beide werden ähnlich verwendet. Macis ist etwas milder.
Kartoffelbrei, Gemüse, Spinat, Eierspeisen.

Paprikapulver

Getrocknete, gemahlene, reife Schoten des Paprikastrauchs. Die gängigsten Sorten sind
– Paprika edelsüß: feurig, süß und würzig, leicht scharf
– Paprika rosenscharf: scharf bis sehr scharf und würzig.

Pfeffer

Runde Früchte des Pfefferstrauchs, je nach Reifegrad von grüner, roter, schwarz bis gelblich-weißer Färbung. Schwarzer Pfeffer ist die vollständig, unreife, getrocknete Frucht, würzig im Geschmack. Weißer Pfeffer ist der getrocknete Fruchtkern und milder.
Universalgewürz in Form von Körnern oder Pulver.

Piment (Nelkenpfeffer)

Dieses „Allgewürz" vereinigt geschmacklich Zimt, Muskat und Pfeffer. Die runden, rot- bis dunkelbraunen Beerenfrüchte sind getrocknet ganz oder gemahlen erhältlich.
Wild, Marinaden, Fleischgerichte und -suppen, Frikassees.

Rosa Beeren

Unzerkleinert wie Pfeffer verwendbar, süßlich-scharfer, wacholderähnlicher Geschmack.
Fisch- und Fleischgerichte.

Safran

Getrocknete Blütennarben einer Krokusart, ganz oder gemahlenen. Stark gelb färbend.
Aufgrund der aufwendigen Ernte sehr teuer.
Mediterrane Speisen, Fischsuppe, Reisgerichte, Meeresfrüchte.

Wacholderbeeren

Runde, getrocknete, blau-schwarze Beeren des Wacholderstrauches mit eigenartigem, angenehmen Geschmack.
Marinaden, Wild, Fleisch, Fisch, Sauerkraut.

Vanille

Lange, schotenartige Frucht einer Orchideenart. Die Schote wird entweder im Ganzen mitgekocht und vor dem Verzehr entfernt oder man verwendet das ausgekratzte, süßliche Mark.
Süßspeisen, Gebäck, Eis.

Zimt

Getrocknete Innenrinde des Zimtbaumes, in Stücken als Stangenzimt oder gemahlen als Pulver erhältlich. Ceylon-Zimt ist mild bis kräftig und aromatisch, Kassia-Zimt stark würzig im Geschmack.
Gebäck, Süßspeisen, Punsch, Liköre und Würzweine.

Ratgeber
Suppen & Eintöpfe

Suppen – die machen Lust auf mehr

Suppenkasper ade! Suppen sind längst mehr als nur der Anfang in der Reihenfolge eines Menüs. Sie begeistern ebenso als Hauptspeise wie als kleine Mahlzeit mit frischem Baguette in geselliger Runde. Suppen können Sie mit wenigen Zutaten selbst zubereiten. Wichtigstes Prinzip dabei: Frische, einwandfreie Zutaten verwenden bzw. frische Brühe. Man unterscheidet: Klare Suppen, Cremesuppen mit und ohne Gemüse und Gemüsesuppen.

Schmecken Sie Ihre Suppe schön kräftig ab. Das Ergebnis lohnt die Mühe allemal.

Brühe – die Mutter aller Suppen

Die Grundlage jeder guten Suppe ist eine kräftige, wohl schmeckende Brühe. Eine Brühe können Sie aus Knochen, Fisch, Rindfleisch, Kalbfleisch, Geflügel, Wild und Gemüse kochen. Den Geschmack verfeinern Sie mit Suppengrün, Kräutern oder einer gespickten Zwiebel. Suppengrün können Sie häufig bereits küchenfertig abgepackt kaufen. Meistens sind Porree, Knollensellerie, Möhre und Petersilie enthalten. Regional unterschiedlich finden Sie auch Petersilienwurzel, Blumenkohl, Kohlrabi, Lorbeerblätter oder Zweige von Thymian und Liebstöckel dabei.

Das gibt eine gute Brühe:

- Möchten Sie eine reine Gemüsebrühe zubereiten, schneiden Sie das Gemüse in grobe Würfel und braten es in heißem Speiseöl an. Dann mit Wasser ablöschen. Die Röststoffe geben der Brühe einen kräftigeren Geschmack.
- Füllen Sie den Topf mit kaltem Wasser, bis die Zutaten bedeckt sind. Das Ganze zum Kochen bringen.
- An der Oberfläche sammelt sich Schaum aus geronnenem Eiweiß. Heben Sie ihn mit einem Schaumlöffel ab.
- Geben Sie die Kräuter erst nach dem Abschäumen dazu. Kräuter putzen und waschen, mit Küchengarn zusammenbinden und hinzufügen. So lassen sich die Kräuter später wieder leicht entfernen.
- Jetzt können Sie auch eine gespickte Zwiebel hinzufügen. Dazu die Zwiebel abziehen, 1 Lorbeerblatt mit 3 Gewürznelken mit dem Stielende in der Zwiebel feststecken.
- Senken Sie die Temperatur, so dass die Zutaten bei schwacher Hitze köcheln. Die Brühe mindestens 60 Minuten ohne Deckel köcheln lassen.
- Gießen Sie die fertige Brühe durch ein feines Sieb. Das mitgekochte Gemüse sowie Fleisch oder Fisch nach Belieben klein schneiden und wieder in die Brühe geben.
- Kochen Sie Brühe auf Vorrat: Klare Brühen lassen sich gut einfrieren, am besten portionsweise. So haben Sie frische Brühe schnell einsatzbereit.

Suppeneinlagen – hinein darf, was gefällt

Als Suppeneinlagen eignen sich viele Küchenzutaten: gehackte Kräuter, Tomatenwürfel (aus abgezogenen, entkernten Tomaten), Backerbsen, Schinkenwürfel, verschlagenes Ei, gegarte Nudeln oder Reis, gedünstetes Gemüse, geröstete Brotwürfel (Croûtons), geröstete Mandeln, Grießklößchen, Fleischklößchen, Pfannkuchenstreifen, Maultaschen, Eierstich oder gedünstete, feine Gemüsestreifen.

Suppen-Tricks

- Wenn Sie die Zutaten in kaltem Wasser aufsetzen, laugen sie stärker aus. Der Geschmack der Brühe wird voller und kräftiger.
- Wenn Sie das Fleisch weiterverwenden wollen, geben Sie die Zutaten, insbesondere das Fleisch, erst in das kochende Wasser. Die Poren schließen sich sofort. So bleibt das Fleisch schön saftig.
- Salzen Sie die Brühe erst bei der Weiterverarbeitung, denn gesalzene Brühen werden bei längerem Kochen noch salziger.
- Garen Sie in klaren Brühen keine Teigwaren, Reis oder Klößchen mit. Sonst wird Ihre Brühe trüb. Am besten garen Sie die Einlagen getrennt.
- Für intensiven Geschmack: Erhöhen Sie die Fleischzugabe oder braten Sie die Zutaten vor dem Angießen des Wassers an. Auch durch das Reduzieren (Einkochen) der Brühe erreichen Sie eine kräftigere Konzentration.
- Suppen servieren: Die Grundregel für alle Suppen ist, dass heiße Suppen heiß und kalte Suppen wirklich kühl serviert werden. Daher sollten Sie Suppenschüsseln und Teller vorher anwärmen, wenn Sie eine heiße Suppe servieren möchten. Sie können die Teller dazu vor dem Servieren mit heißem Wasser ausspülen.
- Cremesuppen basieren auf Brühe, die durch ein Bindemittel wie Mehl, Speisestärke, Crème fraîche, püriertem Gemüse, Eigelb oder einer Eigelb-Sahne-Mischung gebunden wird. Falls Sie eine Suppe mit Eigelb binden, achten Sie darauf, die Suppe nicht noch einmal aufzukochen, da das Eigelb sonst gerinnt.

Weg mit den Fettaugen

Zuviel Fett in der Brühe macht sie unansehnlich, beeinträchtigt den Geschmack und macht Sie unnötig kalorienreich. So entfetten Sie Ihre Brühe:

- Wenn Sie die heiße Brühe direkt weiterverwenden möchten, können Sie die Fettaugen mit einem flachen, großen Löffel abschöpfen. Oder Sie ziehen stark saugendes Küchenpapier über die Oberfläche der Brühe, wobei die Fettschicht von dem Papier aufgenommen wird.
- Ist mehr Zeit vorhanden, lassen Sie die Brühe abkühlen. Das Fett erstarrt und setzt sich an der Oberfläche ab. Sie können es dann leicht mit einem flachen, großen Löffel abheben.

Eintöpfe – aufgewärmt nochmal so gut

Eintöpfe unterscheiden sich von Suppen in der Hauptsache durch ihre Konsistenz. Dabei stecken die dicklichen Suppen voller Überraschungen. Vielfältige leckere Einlagen entfalten wunderbare Düfte und bieten herrliche Geschmackserlebnisse. Besonders wenn Sie den Eintopf am nächsten Tag noch einmal aufwärmen. Außerdem sind Eintöpfe preiswert und gesund. Denn die Kombination aus wahlweise Fleisch, Gemüse und Hülsenfrüchten sorgt für eine ausgewogene Versorgung mit Mineralstoffen und Vitaminen. Außerdem lassen sie sich sehr gut auch in großen Mengen vorbereiten und als Reste problemlos einfrieren.

Suppen-SOS

- Suppe zu dünn: Rühren Sie 1–2 Esslöffel Kartoffelpüreeflocken oder etwas Grieß in die Suppe. Oder binden Sie die Suppe mit etwas angerührter Speisestärke. Sie können auch pro Liter Suppe 20 g Mehl und 30 g zerlassene Butter verrühren und in die Suppe geben, sie muss dann noch einmal aufkochen.
- Suppe zu dick: Verdünnen Sie die Suppe mit Brühe. Falls keine frische Brühe mehr vorhanden ist, greifen Sie auf ein Instant-Produkt zurück.
- Instant-Produkte: Falls Sie aus Zeitmangel keine frische Brühe kochen können, verwenden Sie Instantbrühe in Form von gekörnter Brühe oder Brühwürfeln. Beachten Sie bei der Dosierung die Packungsanleitung.

Rindfleischbrühe

1 kg Rindfleisch (z. B. Bug, Querrippe, Beinfleisch) möglichst mit Knochen oder zusätzlich 1–2 Markknochen
2–3 l kaltes Wasser
1 EL Salz

1 Bund Suppengrün (Möhre, Porree, Sellerie, Petersilie)
2 mittelgroße Zwiebeln
3 Gewürznelken
1 TL Pfefferkörner
1 Lorbeerblatt

Rindfleisch und Knochen mit Wasser in einen großen Topf geben, das Fleisch muss mit Wasser bedeckt sein, alles zum Kochen bringen.

Den Schaum mit einer Schaumkelle abschöpfen.

Rindfleischbrühe
6–8 Portionen

Zubereitungszeit: 30 Minuten, ohne Kühlzeit

1. Rindfleisch und Knochen unter fließendem kalten Wasser abspülen, abtropfen lassen.

2. Foto 1 Rindfleisch und Knochen mit Wasser in einen großen Topf geben, das Fleisch muss mit Wasser bedeckt sein, alles zum Kochen bringen.

3. Foto 2 Den Schaum mit einer Schaumkelle abschöpfen. Salz in den Topf geben. Das Rindfleisch zugedeckt 2–2½ Stunden bei mittlerer Hitze kochen lassen.

4. In der Zwischenzeit Suppengrün putzen, schälen, waschen und abtropfen lassen. Zwiebeln abziehen.

5. Foto 3 Suppengrün und Zwiebeln etwas zerkleinern. Gewürze bereit stellen.

6. Foto 4 Nach etwa 1 Stunde Kochzeit Suppengrün, Zwiebelstücke und Gewürze hinzufügen und mitkochen lassen.

7. Nach etwa 2½ Stunden Kochzeit das Rindfleisch herausnehmen.

8. Foto 5 Die Brühe durch ein feines Sieb gießen. Die Brühe mit Salz abschmecken.

9. Wenn Sie eine fettarme Brühe wünschen, lassen Sie die Brühe kalt werden. Stellen Sie sie mindestens 4 Stunden kalt. Foto 6 Heben Sie mit einem Löffel das kalte Fett, das auf der Oberfläche der Brühe ist, ab.

Tipp: Als Einlage ½ Bund Suppengrün waschen, putzen, in dünne Streifen schneiden und 10 Minuten in der Brühe garen. ½ Bund Petersilie abspülen, trockentupfen, die Blätter abzupfen und hacken. Die Brühe damit bestreuen.

3 Vorbereitetes Suppengrün und Zwiebeln etwas zerkleinern.

4 Nach etwa 1 Stunde Kochzeit Suppengrün, Zwiebelstücke und Gewürze hinzufügen und mitkochen lassen.

5 Die Brühe durch ein feines Sieb gießen.

6 Heben Sie mit einem Löffel das kalte Fett, das auf der Oberfläche der Brühe ist, ab.

Hühnerbrühe
6–8 Portionen

Zubereitungszeit: 30 Minuten

1 Suppenhuhn (etwa 1,5 kg)
2–3 l Wasser
1 EL Salz
1 Bund Suppengrün (Möhren, Porree, Sellerie, Petersilie)
1 Knoblauchzehe
10 weiße Pfefferkörner
2 Lorbeerblätter
1 Kräutersträußchen (3 Stängel Petersilie,
2–3 Stängel Thymian)

1. Suppenhuhn gründlich von innen und außen abspülen. Wenn nötig, Innereien entfernen.

2. Huhn in einen großen Topf legen. Alles mit Wasser bedecken, ohne Deckel aufkochen lassen.

3. Den Schaum, der entsteht, mit einem Schaum- oder einem großen Esslöffel abschöpfen. Das Huhn 1½–2 Stunden köcheln lassen, wenn nötig, etwas kaltes Wasser nachgießen. Salz in den Topf geben.

4. Das Suppengrün putzen, waschen, schälen, grob zerteilen, Knoblauch abziehen und alles mit den Gewürzen nach 1 Stunde zugeben.

5. Etwa 15 Minuten vor Ende der Garzeit das Kräutersträußchen hineingeben, ziehen lassen. Dann die Brühe durch ein feines Sieb gießen.

6. Das Huhn enthäuten, das Fleisch von den Knochen ablösen und als Suppeneinlage nutzen. Oder für Salat oder für ein Sandwich verwenden.

Tipp: Die Hühnerbrühe ist die ideale Basis für Risotto, ergibt aber auch mit frischen Kräutern und ein paar Gemüsestreifen eine gute Suppe. Etwas Portwein oder Sherry verbessert den Geschmack. Den Rest der Brühe kann man gut einfrieren.

Spargelcremesuppe

500 g weißer Spargel
1 gestr. TL Salz
1 gestr. TL Zucker
60 g Butter
1 l Wasser
etwa 300 ml Milch
30 g Weizenmehl
½ Bund Petersilie
frisch gemahlener, weißer Pfeffer
frisch geriebene Muskatnuss
2 Eigelb (Größe M)
3 EL Schlagsahne

1 Spargel waschen, von oben nach unten dünn schälen.

2 Spargelenden und -schalen in einen Topf geben. Wasser dazugeben.

3 Spargelabschnitte in ein Sieb geben, die Kochflüssigkeit dabei auffangen.

Spargelcremesuppe
4 Portionen

Zubereitungszeit: etwa 45 Minuten

1. Foto **1** Spargel waschen, von oben nach unten dünn schälen, dabei darauf achten, dass die Schalen vollständig entfernt, die Köpfe aber nicht verletzt werden. Die unteren Enden abschneiden, holzige Stellen vollkommen entfernen. Schalen und Enden aufheben. Den Spargel in etwa 3 cm lange Stücke schneiden.

2. Foto **2** Spargelenden und -schalen in einen Topf geben. Salz, Zucker und 20 g Butter hinzufügen. Wasser dazugeben, zum Kochen bringen und zugedeckt etwa 15 Minuten bei mittlerer Hitze kochen lassen.

3. Foto **3** Spargelabschnitte durch ein Sieb gießen, die Kochflüssigkeit dabei auffangen und wieder zum Kochen bringen. Spargelstücke hineingeben, zum Kochen bringen und zugedeckt in 10–12 Minuten bissfest garen.

4. Die Spargelstücke anschließend zum Abtropfen in ein Sieb geben, dabei die Kochflüssigkeit wieder auffangen und mit Milch auf 1 l auffüllen.

5. Foto **4** Die restliche Butter in einem Topf zerlassen. Mehl unter Rühren darin erhitzen, bis es hellgelb ist.

6. Foto **5** Die Spargel-Milch-Flüssigkeit nach und nach hinzugießen und mit einem Schneebesen kräftig durchschlagen. Dabei darauf achten, dass keine Klümpchen entstehen.

7. Foto **6** Die Suppe zum Kochen bringen und bei schwacher Hitze etwa 10 Minuten ohne Deckel leicht kochen lassen, dabei gelegentlich umrühren.

8. Petersilie abspülen, trockentupfen, die Blätter abzupfen und zwei Drittel davon hacken.

9. Die Suppe mit Salz, Zucker, Pfeffer und Muskat würzen.

10. Foto **7** Eigelb mit Sahne verschlagen und 4 Esslöffel von der Suppe unterrühren. Eigelb-Sahne unter die Suppe rühren. Die Suppe nicht mehr kochen lassen.

11. Abgetropfte Spargelstücke hinzufügen und erwärmen. Die Suppe mit Petersilie garniert servieren.

Tipp: Nach Belieben zusätzlich 50 g gekochten Schinken in Streifen schneiden und mit den Spargelstücken in der Suppe erhitzen.

4 Butter in einem Topf zerlassen, Mehl darin unter Rühren hellgelb erhitzen.

5 Die Spargel-Milch-Flüssigkeit hinzugießen und mit einem Schneebesen kräftig durchschlagen.

6 Ohne Deckel 10 Minuten leicht kochen.

7 Eigelb mit Sahne und etwas Brühe verrühren, vorsichtig unter die Suppe rühren (legieren!).

Kräutercremesuppe
4 Portionen

Zubereitungszeit: etwa 40 Minuten

je 1 kleines Bund Rucola, Kerbel, Basilikum und Petersilie
1 Kästchen Kresse
1 Zwiebel
30 g Butter
20 g Weizenmehl
Salz
frisch gemahlener Pfeffer aus der Mühle
600 ml Gemüsebrühe
1 Becher (150 g) Crème fraîche
geriebene Muskatnuss

1. Rucola und Kräuter abspülen und trockentupfen. Kerbel-, Basilikum- und Petersilienblätter von den Stängeln zupfen, Kerbel- und Petersilienstängel hacken. Die holzigen Basilikumstängel nicht verwenden.

2. Kresse mit einer Schere abschneiden, etwas Kresse zum Garnieren beiseite legen. Zwiebel abziehen und in Würfel schneiden.

3. Butter im Topf zerlassen, gehackte Stängel und Zwiebelwürfel darin andünsten, mit Mehl bestäuben, 1 Minute mitdünsten, dann salzen und pfeffern. Unter Rühren nach und nach mit Brühe ablöschen. Kräuterbrühe etwa 15 Minuten köcheln lassen.

4. Abgezupfte Kräuter klein hacken, Rucola in Streifen schneiden. Crème fraîche, Kräuter, Kresse und Rucola in die Suppe geben. Die Suppe kurz aufkochen lassen.

5. Kräftig mit dem Schneidstab pürieren. Die Suppe kurz erwärmen, aber nicht mehr kochen lassen.

6. Die Suppe mit Salz, Pfeffer und Muskatnuss abschmecken. In Suppentassen oder -tellern servieren und mit der restlichen Kresse garnieren.

Tomatensuppe

1½ kg Fleischtomaten
2 Zwiebeln
2 Knoblauchzehen
4 EL Olivenöl
500 ml (½ l) Gemüsebrühe
Zucker
Salz
frisch gemahlener Pfeffer
Cayennepfeffer
1 Lorbeerblatt
½ TL gerebelter Oregano
einige Basilikumblättchen

1 Tomaten vierteln, Stängelansätze herausschneiden, in Stücke schneiden.

2 Zwiebeln und Knoblauch abziehen.

3 Zwiebeln fein würfeln. Knoblauch flach drücken.

Tomatensuppe
6 Portionen

Zubereitungszeit: etwa 50 Minuten

1. Foto **1** Tomaten waschen, abtropfen lassen, vierteln, die Stängelansätze herausschneiden und Tomaten in Stücke schneiden.

2. Foto **2** Zwiebeln und Knoblauch abziehen.

3. Foto **3** Zwiebeln fein würfeln, Knoblauchzehen mit der Messerklinge flach drücken.

4. Öl in einem Topf erhitzen. Zwiebelwürfel und Knoblauch darin unter Rühren andünsten. Foto **4** Tomatenstücke hinzufügen und mit andünsten.

5. Gemüsebrühe, Zucker, Salz, Pfeffer, Cayennepfeffer, Lorbeerblatt und Oregano hinzufügen, wieder zum Kochen bringen und etwa 15 Minuten bei schwacher Hitze mit Deckel kochen.

6. Das Lorbeerblatt herausnehmen.

7. Foto **5** Die Suppe mit dem Schneidstab pürieren. Die Suppe einmal aufkochen lassen und nochmals mit den Gewürzen abschmecken. Mit Basilikum anrichten.

Tipp: Soll die Suppe besonders fein werden, die Suppe nicht pürieren, sondern durch ein Sieb streichen.
Etwas fertiges Pesto auf die Suppe geben.
Die Suppe einige Minuten länger einkochen lassen und sie eignet sich gut als Nudelsauce.

Abwandlung: Die Suppe mit **Mozzarella-Klößchen** servieren. Dazu 250 g Mozzarella abtropfen lassen, grob zerkleinern und pürieren. 1 Topf Basilikum abspülen, trockentupfen, die Blättchen von den Stängeln zupfen, hacken, unter die Mozzarella-Masse kneten, salzen und pfeffern. Aus der Masse mit einem Teelöffel 18–24 Klößchen formen, auf Suppentellern verteilen und die Suppe darüber geben.

Tomatenstücke hinzufügen und mitdünsten.

Die Suppe mit dem Schneidstab pürieren.

3. Orangensaft und Brühe hinzugießen, zum Kochen bringen. Das Gemüse zugedeckt bei schwacher Hitze etwa 15 Minuten garen.

4. In der Zwischenzeit Garnelenschwänze (TK-Garnelenschwänze auftauen lassen) abspülen, trockentupfen und evtl. den Darm entfernen. Die Garnelen zum Schwanzende hin etwa 3 cm einschneiden.

5. Kerbel abspülen, trockentupfen, die Blätter von den Stängeln zupfen und hacken.

6. Speiseöl in einer Pfanne erhitzen. Garnelenschwänze darin etwa 3 Minuten anbraten. Mit Salz und Pfeffer würzen, mit Zitronensaft beträufeln. Mit Kerbel bestreuen. Garnelen herausnehmen und zugedeckt warm stellen.

7. Die Suppe von der Kochstelle nehmen. Crème fraîche und Chilisauce unterrühren. Die Suppe mit einem Schneidstab pürieren. Mit Salz und Pfeffer abschmecken.

8. Die Suppe in Schälchen füllen. Warm gestellte Garnelen hinzufügen und sofort servieren.

Möhren-Ingwer-Suppe mit Garnelen
4 Portionen

Zubereitungszeit: etwa 45 Minuten

500 g Möhren
1 Zwiebel
1 walnussgroßes Stück Ingwer
50 g Butter
Zucker
80 ml Orangensaft
800 ml Gemüsebrühe
Salz
frisch gemahlener Pfeffer

4 frische oder TK-Riesengarnelen-Schwänze
4 Stängel Kerbel
1 EL Speiseöl
1 EL Zitronensaft
etwas süß-scharfe Chilisauce
1 Becher (150 g) Crème fraîche

1. Möhren putzen, schälen, abspülen, abtropfen lassen und in grobe Würfel schneiden. Zwiebel abziehen, ebenfalls in grobe Würfel schneiden. Ingwer schälen und in kleine Stücke schneiden.

2. Butter in einem Topf zerlassen. Möhren-, Zwiebelwürfel und Ingwerstücke darin mit etwas Zucker andünsten.

Gemüsesuppe „Querbeet"

500 g fest kochende Kartoffeln
2½ l Gemüsebrühe
2 Pck. (je 450 g)
TK-Suppengemüse
1 Bund Petersilie
1 Bund Kerbel
Salz
frisch gemahlener Pfeffer

1 Kartoffeln mit dem Sparschäler schälen.

2 Kartoffeln in Würfel schneiden.

3 Gefrorenes Suppengemüse hinzufügen.

Gemüsesuppe „Querbeet"
6 Portionen

Zubereitungszeit: etwa 30 Minuten

1. Foto 1 Kartoffeln waschen, mit dem Sparschäler schälen und abspülen.

2. Foto 2 Kartoffeln in etwa 1,5 cm große Würfel schneiden.

3. Gemüsebrühe in einen hohen Topf geben. Kartoffelwürfel hinzufügen, zum Kochen bringen und zugedeckt etwa 20 Minuten garen.

4. Foto 3 Gefrorenes Suppengemüse hinzufügen, zum Kochen bringen und weitere 10 Minuten garen.

5. In der Zwischenzeit Petersilie und Kerbel abspülen und trockentupfen. Foto 4 Die Blättchen von den Stängeln zupfen. Foto 5 Blättchen hacken.

6. Die Suppe mit Salz und Pfeffer würzen.

7. Die Suppe vor dem Servieren mit den gehackten Kräutern bestreuen.

Tipp: Die Suppe mit geriebenem Käse, z. B. Emmentaler bestreuen. Dazu ein kräftiges Brot oder Brötchen reichen.

Minestrone (Foto rechts)
4 Portionen

Zubereitungszeit: etwa 55 Minuten

200 g Möhren
300 g vorwiegend fest kochende Kartoffeln
150 g Zucchini
200 g Porree (Lauch)
100 g Staudensellerie
100 g grüne Bohnen

4 Blättchen von den Stängeln zupfen.   5 Blättchen hacken.

7. Gemüsebrühe hinzugießen, alles zum Kochen bringen und 10–12 Minuten mit aufgelegtem Deckel kochen. Dann Zucchini, Porree, Erbsen und Nudeln hinzufügen, wieder zum Kochen bringen und noch 5–7 Minuten mit Deckel kochen.

8. Tomaten mit Petersilie und Basilikum in die Suppe geben und darin erhitzen. Die Suppe mit Salz und Paprikapulver würzen. Parmesan-Käse über die Suppe streuen.

Tipp: Die Nudeln immer nur knapp gar kochen (Packungsanleitung beachten), da sie in der heißen Suppe noch nachgaren. Die Minestrone ist ohne Nudeln gefriergeeignet. Die Nudeln dann extra garen und vor dem Servieren in die Suppe geben.
Für eine vegetarische Variante den Speck weglassen und 2 Esslöffel Olivenöl oder Butter zusätzlich verwenden.

2 Zwiebeln
75 g durchwachsener Speck
2 Fleischtomaten
2 EL Olivenöl
1 l Gemüsebrühe
100 g TK-Erbsen
50 g Hörnchennudeln oder Gabelspaghetti
2 EL gehackte Petersilie
2 EL gehackte Basilikumblättchen
Salz
Paprikapulver rosenscharf
40 g frisch geriebener Parmesan-Käse

1. Möhren schälen, abspülen und abtropfen lassen. Kartoffeln waschen, schälen und abspülen. Beide Zutaten in kleine Würfel schneiden.

2. Zucchini waschen, abtrocknen, die Enden abschneiden und Zucchini in Scheiben schneiden. Von dem Porree die Außenblätter entfernen, Wurzelende und dunkles Grün abschneiden, die Stange längs halbieren, gründlich waschen, abtropfen lassen und in Scheiben schneiden.

3. Von dem Staudensellerie Wurzelenden und welke Blätter entfernen, die harten Außenfäden abziehen, die Stangen waschen, abtropfen lassen und in Scheiben schneiden.

4. Von den Bohnen die Enden abschneiden, eventuell Fäden abziehen, Bohnen waschen und in Stücke schneiden oder brechen. Zwiebeln abziehen und in Würfel schneiden. Speck in kleine Würfel schneiden.

5. Tomaten waschen, abtropfen lassen, kreuzweise einschneiden, kurz in kochendes Wasser legen und in kaltem Wasser abschrecken. Tomaten enthäuten, die Stängelansätze herausschneiden, Tomaten halbieren, entkernen und klein schneiden.

6. Öl in einem großen Topf erhitzen. Speck- und Zwiebelwürfel unter Rühren darin andünsten. Möhren, Kartoffeln, Staudensellerie und Bohnen dazugeben und mitdünsten.

Linseneintopf mit Mettwürstchen

1 großes Bund Suppengrün
(Knollensellerie, Möhren,
Porreestange [Lauch])
2 mittelgroße Zwiebeln
375 g fest kochende Kartoffeln
250 g getrocknete Tellerlinsen
2 EL Speiseöl, z. B.
Sonnenblumenöl
2 Lorbeerblätter
1½ l Gemüsebrühe

4 Mettwürstchen
(Rauchenden, je etwa 90 g)
½ Bund glatte Petersilie
etwas Weißweinessig
Salz
frisch gemahlener Pfeffer
etwas Zucker

Suppengrün, Kartoffeln und Zwiebeln vorbereiten. Möhren in Scheiben schneiden.

Linseneintopf mit Mettwürstchen
4 Portionen

Zubereitungszeit: etwa 60 Minuten

1. Knollensellerie schälen und schlechte Stellen herausschneiden. Möhren putzen und schälen. Sellerie und Möhren abspülen, abtropfen lassen. Porree putzen, die Stange längs halbieren, gründlich waschen und abtropfen lassen. Foto 1 Möhren in Scheiben, Sellerie in Würfel und Porree in kleine Stücke schneiden. Zwiebeln abziehen und in kleine Würfel schneiden.

2. Kartoffeln waschen, schälen, abspülen, abtropfen lassen und in Würfel schneiden. Foto 2 Tellerlinsen in ein Sieb geben und kalt abspülen.

3. Foto 3 Öl in einem breiten Topf erhitzen, Gemüsestücke und Kartoffeln darin andünsten. Lorbeerblätter und Gemüsebrühe hinzufügen.

4. Foto 4 Linsen dazugeben. Die Zutaten zum Kochen bringen und zugedeckt 25–30 Minuten kochen lassen.

5. Foto 5 Die Mettwürstchen zugeben und darin erhitzen.

6. Petersilie abspülen, trockentupfen, die Blätter von den Stängeln zupfen und hacken.

7. Den Eintopf mit Essig, Salz, Pfeffer und Zucker abschmecken. Die Lorbeerblätter herausnehmen und den Eintopf mit Petersilie bestreut servieren.

Abwandlung 1: Schneller geht´s, wenn Sie den Linseneintopf mit Linsen aus der Dose zubereiten. Dazu die vorbereiteten Kartoffeln in 750 ml (¾ l) Gemüsebrühe etwa 10 Minuten bei mittlerer Hitze zugedeckt kochen. Dann die Mettwürstchen hinzufügen und alles weitere 5 Minuten mit Deckel kochen. Zum Schluss 1 Dose Linsen mit Suppengrün (800 g) hinzugeben und alles noch weitere 5 Minuten kochen. Mit Salz, Pfeffer, Essig und Zucker abschmecken.

Abwandlung 2: Für einen **vegetarischen Linseneintopf** die Kartoffelmenge auf 500–600 g erhöhen, die Mettwürstchen weglassen und den Eintopf kurz vor dem Servieren nach Belieben mit gehobeltem Parmesan-Käse bestreuen.

Tellerlinsen in ein Sieb geben und kalt abspülen.

Gemüse und Kartoffeln in einem breiten Topf andünsten.

Linsen dazugeben.

Mettwürstchen in die Suppe geben und darin erhitzen.

Gelbe Linsensuppe mit Joghurt
4 Portionen

Zubereitungszeit: etwa 45 Minuten

1 EL Rosinen oder Korinthen
1 kleine Zwiebel
1 Knoblauchzehe
2 EL Speiseöl
1 Msp. Kreuzkümmel
1 Msp. gemahlener Koriander
1 Msp. Cayennepfeffer
200 g getrocknete gelbe oder rote Linsen
600 ml Gemüsebrühe
1 kleines Bund glatte Petersilie
1 kleine Dose Mais (Abtropfgewicht 140 g)
Salz
frisch gemahlener Pfeffer
etwas Zitronensaft
200 g Sahnejoghurt, natur (10 % Fett)

1. Rosinen oder Korinthen in einer kleinen Schüssel mit warmem Wasser einweichen.

2. Zwiebel und Knoblauch abziehen, fein würfeln. Die Zwiebelwürfel bei mittlerer Hitze in einem Topf in Öl andünsten. Knoblauch nach 5 Minuten dazugeben und weitere 5 Minuten dünsten. Gewürze hineingeben und gut verrühren.

3. Linsen in einem Sieb unter fließendem kalten Wasser abspülen, abtropfen lassen. Linsen und Gemüsebrühe zu den Zwiebelwürfeln geben, verrühren und alles aufkochen lassen.

4. Zugedeckt etwa 30 Minuten leicht weiterköcheln lassen. Gelegentlich umrühren.

5. Petersilie abspülen, trockentupfen, die Blättchen von den Stängeln zupfen. Petersilie fein hacken.

6. Mais in einem Sieb unter fließendem kalten Wasser abspülen und abtropfen lassen. Mais und abgetropfte Rosinen oder Korinthen zur Suppe geben.

7. Die Suppe umrühren, alles erwärmen und die Suppe mit Salz, Pfeffer und Zitronensaft abschmecken.

8. Suppe mit fein geschnittener Petersilie und Joghurt servieren.

Tipp: Frisches Baguette dazu servieren.

Käse-Porree-S

3 Stangen Porree
(Lauch, 700 g)
3 EL Speiseöl
750 g Gehacktes (halb Rind-, halb Schweinefleisch)
Salz
frisch gemahlener Pfeffer
1 l Fleischbrühe
1 Glas Champignons in Scheiben (Abtropfgewicht 470 g)
200 g Sahne- oder Kräuterschmelzkäse

1 Porree von den äußeren Blättern befreien, dunkles Grün (etwa ¼ der Stange) entfernen, Porree längs halbieren.

2 Porree gründlich waschen.

3 Porree in Stücke schneiden (halbe Ringe).

Käse-Porree-Suppe

4–6 Portionen

Zubereitungszeit: etwa 40 Minuten

1. Foto **1** Porree von den äußeren Blättern befreien, dunkles Grün (etwa ¼ der Stange) entfernen, Porree längs halbieren.

2. Foto **2** Porree gründlich waschen und abtropfen lassen.

3. Foto **3** Porree in Stücke schneiden.

4. Foto **4** Öl in einem großen Topf erhitzen. Gehacktes hinzufügen und anbraten, dabei die Fleischklümpchen mit einem Pfannenwender oder Kochlöffel zerdrücken. Mit Salz und Pfeffer würzen.

5. Porreestücke hinzufügen, darin kurz andünsten, Brühe hinzugießen, zum Kochen bringen und zugedeckt etwa 15 Minuten garen.

6. Champignonscheiben abtropfen lassen und hinzufügen. Foto **5** Käse dazugeben und unter Rühren schmelzen lassen (Suppe nicht mehr kochen lassen).

7. Die Suppe mit Salz und Pfeffer abschmecken.

Tipp: Die Suppe kann vorbereitet und ohne Schmelzkäse eingefroren werden.

4 In einem Topf mit heißem Öl Gehacktes anbraten, Klümpchen mit ... Pfannenwender zerdrücken.

5 Käse unter Rühren schmelzen lassen.

Chili sin carne
4 Portionen

Zubereitungszeit: etwa 60 Minuten

1 Gemüsezwiebel (250 g)
2 Knoblauchzehen
1 dicke Möhre
je 1 rote, gelbe und grüne Paprikaschote
1 kleine Aubergine
1 Zucchini
2–3 EL Olivenöl
1 Dose geschälte Tomaten (Einwaage 800 g)
2 kleine Dosen Kidney-Bohnen (Abtropfgewicht je 250 g)
1 Lorbeerblatt
2–3 EL Chilisauce
2 TL Chilipulver
Salz
1 Prise Zucker
1 kleiner Stängel Rosmarin
1 kleines Bund Thymian
frisch gemahlener Pfeffer
½ Bund Petersilie

1. Gemüsezwiebel und Knoblauch abziehen und fein würfeln.

2. Möhre putzen, abspülen und schälen. Paprikaschote halbieren, entstielen, entkernen, die Scheidewände entfernen und die Schoten waschen.

3. Aubergine und Zucchini waschen und Enden abschneiden. Gemüse in kleine Würfel schneiden.

4. Zuerst Zwiebel- und Möhrenwürfel in einem Topf bei mittlerer Hitze in Olivenöl leicht anbraten. Dann Paprika und Knoblauch hinzufügen und danach Aubergine und Zucchini mitdünsten.

5. Die Tomaten mit Saft pürieren und zusammen mit den abgetropften Kidney-Bohnen, Chilisauce und Lorbeerblatt in den Topf geben. Alles zu... und bei schwacher Hitze zugedeckt 30–40 M... lassen. Ab und zu umrühren. Mit Chili, Salz u... ürzen.

6. Rosmarin und Thymian abspülen, trockentupfen, Nadeln und Blätter von den Stängeln zupfen und hacken. 20 Minuten vor Ende der Garzeit Rosmarin und Thymian dazugeben, das Chili fertig kochen lassen.

7. Petersilie abspülen, trockentupfen, die Blätter von den Stängeln zupfen und hacken. Chili mit Salz und reichlich Pfeffer abschmecken und das Lorbeerblatt entfernen. Chili mit Petersilie bestreuen.

Tipp: Das Chili eine Nacht ziehen lassen und es schmeckt noch besser. Das Chili mit Nudeln essen oder Kartoffelwürfel ins Chili geben. Oder einfach Fladenbrot oder Tacos (Maisfladen) dazu servieren.
Ein kleiner Klecks Schmand auf dem heißen Chili nimmt die Schärfe des Chilis.

Abwandlung: Chili con carne (Foto).
Dafür alles wie oben vorbereiten, dann aber mit den Zwiebel- und Möhrenwürfeln 300 g Rindergehacktes (oder Gehacktes halb und halb) anbraten.

Kartoffel-Kokos-Suppe mit Hähnchenfleisch

5 Stängel Zitronengras
200 g Kartoffeln
20 g Ingwer
1 EL Speiseöl
500 ml Hühnerbrühe
1 Dose Kokosmilch (400 ml)
250 g Hähnchenbrustfilet
1 EL Speiseöl
Salz
frisch gemahlener Pfeffer
etwas Zitronensaft

1 Zitronengrasstängel erst quer halbieren, dann der Länge nach durchschneiden.

2 Ingwer schälen, abspülen und klein schneiden.

3 Zitronengras-, Kartoffel- und Ingwerstücke in erhitztem Öl andünsten.

Kartoffel-Kokos-Suppe mit Hähnchenfleisch

4 Portionen

Zubereitungszeit: etwa 40 Minuten

1. Zitronengrasstängel abspülen und trockentupfen. Foto **1** Zitronenstängel waschen, putzen, erst quer halbieren, dann der Länge nach durchschneiden. 4 Stücke zum Garnieren beiseite legen.

2. Kartoffeln schälen, abspülen und in Würfel schneiden.

3. Foto **2** Ingwer mit einem kleinen Messer schälen, abspülen und klein schneiden.

4. Speiseöl in einem Topf erhitzen. Foto **3** Zitronengrasstücke, Kartoffelwürfel und Ingwerstückchen darin andünsten.

5. Foto **4** Mit Brühe ablöschen, Kokosmilch hinzugießen. Die Zutaten zum Kochen bringen und zugedeckt etwa 20 Minuten bei schwacher Hitze kochen lassen.

6. Hähnchenbrustfilet unter fließendem kalten Wasser abspülen, trockentupfen und in 2 cm große Würfel schneiden.

7. Öl in eine Pfanne erhitzen. Foto **5** Fleischwürfel von allen Seiten darin anbraten. Mit Salz, Pfeffer und etwas Zitronensaft würzen.

8. Die mitgegarten Zitronengrasstücke mit einem Schaumlöffel aus der Suppe nehmen. Foto **6** Die Suppe mit einem Schneidstab fein pürieren. Mit Salz und Pfeffer abschmecken.

9. Foto **7** Fleisch hinzugeben und in der Suppe erhitzen. Die Suppe in 4 Schälchen füllen. Restliches Zitronengras zerteilen, die Suppe damit garnieren.

Tipp: Zitronengras bekommen Sie in asiatischen Lebensmittelläden.

4 Brühe dazugeben (ablöschen).

5 Hähnchenwürfel von allen Seiten anbraten.

6 Die Suppe mit dem Schneidstab pürieren.

7 Fleisch in die Suppe geben.

Gelbes Rindfleischcurry
4 Portionen

Zubereitungszeit: 60 Minuten

500 g Rinderfilet oder Rumpsteak, ohne Fettrand
1 grüne Chilischote
100 g Bambussprossen
(in Streifen aus der Dose oder dem Glas)
1 kleines Bund Basilikum
400 ml Kokosmilch
2 TL gelbe Currypaste
2 Teelöffel Kurkuma (Gelbwurz)
etwas Zucker
Salz

1. Rinderfilet oder Rumpsteak kurz unter fließendem kalten Wasser abspülen, trockentupfen und in Streifen schneiden.

2. Chilischote abspülen, abtrocknen, halbieren, entkernen und schräg in Streifen schneiden.

3. Bambussprossen in ein Sieb geben und abtropfen lassen.

4. Basilikum abspülen und trockentupfen. Die Blättchen von den Stängeln zupfen.

5. Kokosmilch im Wok oder in der Pfanne erhitzen. Gelbe Currypaste und Kurkuma (Gelbwurz) unterrühren.

6. Die Fleischstreifen, zwei Drittel der Basilikumblättchen, Chiliringe, Bambussprossen und etwas Zucker hinzufügen. Die Zutaten zum Kochen bringen und 8–10 Minuten leicht kochen lassen.

7. Rindfleischcurry vor dem Servieren mit Salz würzen. Mit den restlichen Basilikumblättchen bestreuen.

Beilage: Reis oder Couscous.

Ratgeber
Saucen & Dips

Das Saucen-Einmaleins

Hier ist Ihr Fingerspitzengefühl gefragt. Mit etwas Übung gelingt es Ihnen aber schnell, das richtig Maß für die Bindung und den Geschmack zu finden. Eine gute Sauce ergänzt den Geschmack des Gerichts. Viele Gerichte liefern bereits bei der Zubereitung die Saucengrundlage: Bratensatz und Brühe. Auch ohne diese Basis können Sie ruckzuck eine Sauce zaubern. Dazu brauchen Sie gekaufte Instantbrühe oder Fond aus dem Glas.

Der Fond – Grundlage einer guten Sauce

Saucenfond können Sie selber machen. Sie benötigen das, was eigentlich beim Vorbereiten von Fisch und Fleisch übrig bleibt. Kochen Sie gleich auf Vorrat und frieren Sie Ihren Fond entfettet ein. So haben Sie immer schnell die ideale Flüssigkeit zum Angießen Ihrer Saucen zur Hand, wenn der Braten keinen Saft hergibt. Es gibt aber auch Fonds in guter Qualität zu kaufen, auf die Sie als Anfänger getrost zurückgreifen können.

Heller Fond: Dünsten Sie Kalbsknochen und/oder Geflügelklein mit Lauch, Zwiebeln, Petersilienwurzel, Sellerie sowie Kräutern und Gewürzen im geschlossenen Topf so lange an, bis das Fett ausstritt. Nicht bräunen. Gießen Sie mit kaltem Wasser auf und köcheln das Ganze bei schwacher Hitze für 2–3 Stunden im geschlossenen Topf.

Dunkler Fond: Braten Sie Fleischknochen, Zwiebeln und Suppengrün kräftig an und löschen mit wenig Wasser, Brühe oder Wein ab. Nochmals so lange braten, bis die Flüssigkeit verdampft ist und das Fett austritt. Erneut angießen und einkochen lassen. Je öfter Sie diesen Vorgang wiederholen, desto kräftiger und besser wird der Fond.

Fischfond: Dünsten sie Gemüse, z.B. Porree, Zwiebeln, Petersilienwurzel und Sellerie in Butter nur hell an. Fischgräten und Fischköpfe ohne Kiemen dazugeben, halb mit Wasser, halb mit trockenem Weißwein aufgießen. Gewürze und Kräuter zugeben und etwa 30 Minuten köcheln.

Hell, dunkel oder kalt – wie es Ihnen gefällt

Früher galt als Saucenregel: Helle Saucen zu hellem Fleisch, dunkle Saucen zu dunklem Fleisch. Ausnahmen sind natürlich erlaubt, bzw. erlaubt ist, was schmeckt.

Helle Grundsauce: basiert auf einer Mehlschwitze mit hellgelb angedünstetem Mehl. Grundsaucen lassen sich gut, z.B. mit Käse, Kapern, Kräutern, Currypulver, Zitronensaft, Weißwein, Meerrettich oder Senf geschmacklich abwandeln.

Dunkle Grundsaucen: eine Mehlschwitze mit dunkelbraun angeröstetem Mehl. Dunkle Grundsaucen lassen sich, z.B. mit Johannisbeergelee, Preiselbeergelee, Orangensaft, Sauerkirschen, Orangenmarmelade, grünen Pfefferkörnern, Rotwein, Madeira, Sherry, Cognac, Senf oder Crème fraîche abwandeln.

Kalte Saucen: Alle Zutaten werden in kaltem Zustand vermischt, z.B. für Mayonnaise, Remoulade, Salatsauce bzw. Vinaigrette. Bei Saucen, die mit rohem Ei bzw. Eigelb zubereitet werden, unbedingt nur ganz frische Eier verwenden (Legedatum beachten!). Die fertige Sauce im Kühlschrank aufbewahren und innerhalb von 24 Stunden verzehren.

Sämige Saucen – auf die Bindung kommt es an

Grundsätzlich teilt man Saucen in zwei Gruppen. In diejenigen, für deren Bindung Sie Mehl bzw. Stärke verwenden und die anderen, denen Sie mit Hilfe von Ei, Sahne oder Butter zur richtigen Konsistenz verhelfen. Diese Methoden gelingen Ihnen einfach und sicher:

Crème fraîche, Crème Double

Crème fraîche oder Crème Double in die Sauce geben und unterrühren. Gute Bindung durch hohen Fettanteil.

Butter

Eiskalte Butter stückchenweise mit einem Rührlöffel oder Schneebesen einrühren. Die Sauce soll dabei heiß bleiben, aber nicht kochen. Sofort servieren, da die Bindung schnell nachlässt.

Eigelb

Eigelb mit etwas Milch oder Sahne verrühren. Sauce von der Kochstelle nehmen, Mischung langsam zufügen und kräftig rühren, bis die Sauce sämig ist. Nicht mehr kochen, sonst gerinnt das Eigelb.

Gemüse

Mitgegartes Gemüse und Zwiebeln mit dem Bratensatz pürieren. Die Sauce nach Belieben zusätzlich durch ein Sieb streichen. Eine kalorienarme und leichte Bindung.

Mehl, Speisestärke
Mehl oder Speisestärke mit wenig kalter Flüssigkeit (z. B. Wasser oder Brühe) anrühren. Unter Rühren in die heiße Flüssigkeit geben und etwa 5 Minuten kochen lassen.

Mehlbutter
$2/3$ weiche Butter mit $1/3$ Weizenmehl verkneten und portionsweise in die kochende Flüssigkeit rühren, bis die gewünschte Konsistenz erreicht ist. Mehlbutter bindet schnell.

Mehlschwitze
Weizenmehl in zerlassenem Fett (z. B. Butter, Margarine) leicht oder etwas stärker bräunen. Unter ständigem Rühren Brühe oder Fond hinzufügen und die Sauce kochen, bis die gewünschte Konsistenz erreicht ist.

Saucenbinder
Hellen oder dunklen Saucenbinder (je nach Saucenart) nach Packungsanleitung in die Flüssigkeit einrühren. Sehr schnell und unkompliziert.

Schlagsahne
Schlagsahne in die Sauce rühren und bis zur gewünschten Konsistenz einkochen lassen. Fettreduzierte Sahne ist dafür nicht geeignet, weil sie beim Erhitzen ausflockt.

Erste Hilfe bei Klümpchen

Gießen Sie die klumpige Sauce durch ein Sieb in einen anderen Topf und erhitzen Sie sie erneut.

Klümpchenbildung bei Mehlschwitzen vermeiden Sie, wenn Sie die Flüssigkeit nach und nach unter kräftigem Rühren zugeben.

Saucen lecker abschmecken

Versalzene Suppe? Das passiert Ihnen nicht, wenn Sie Ihre Suppe erst mit Salz und Pfeffer würzen, wenn Sie fertig ist. Denn durch den Einkochvorgang intensiviert sich der Geschmack von Pfeffer und Salz stark. Auch Kräuter gehören zum Schluss in die Suppe, sonst verlieren sich ihre wertvollen Inhaltsstoffe und ihren Geschmack. Die Ausnahme sind Lorbeerblätter und Wacholderbeeren:
Sie brauchen Zeit, um ihre Aromen zu entfalten.

Dippen Sie mit – frisch und köstlich
Wenn Sie einmal damit angefangen haben, Ihre Dips selbst zu machen, werden Sie nicht wieder davon loskommen – so gut schmecken die kleinen, dickflüssigen Saucen. Dips machen nicht nur Salat und Rohkost verlockend lecker, sondern passen auch als scharfe, süßsaure und pikante Komposition zu Fleisch und zum Grillen. Dips lassen sich im Handumdrehen zubereiten und mit verschiedenen Zutaten immer wieder neu variieren.

Chutney und Relish – die Verwandten von Sauce und Dip

Längst haben auch die exotischen Dips unsere Küchen erobert. Ein Chutney, die indische Variante, ist eine würzig süßsaure Sauce, die zumeist aus Gemüse oder Früchten hergestellt wird. Chutneys werden wie Konfitüren gekocht und sind lange haltbar. Ganz ähnlich wird ein Relish zubereitet. Für die Würzsauce werden Obst oder Gemüse in feine Würfel geschnitten und mit Zucker, Essig und Gewürzen nach Belieben abgeschmeckt. Chutneys und Relishs bieten geschmackliche Abwechslung zu kurz gebratenem Fleisch, Fisch und kaltem Braten.

_Saucen und Dips

Basisrezept Helle Grundsauce

30 g Butter oder Margarine
20 g Weizenmehl
375 ml (³/₈ l) Brühe,
z. B. Gemüsebrühe
Salz
frisch gemahlener Pfeffer

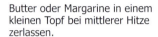

Butter oder Margarine in einem kleinen Topf bei mittlerer Hitze zerlassen.

Mehl mit einem Schneebesen unterrühren.

Helle Grundsauce
4 Portionen

Zubereitungszeit: etwa 15 Minuten

1. Foto 1 Butter oder Margarine in einem kleinen Topf bei mittlerer Hitze zerlassen.
2. Foto 2 Mehl mit einem Schneebesen unterrühren. Das Mehl so lange unter Rühren erhitzen, bis es hellgelb ist.
3. Foto 3 Nach und nach die kalte Brühe dazugießen, dabei mit dem Schneebesen rühren, damit sich keine Klümpchen bilden.
4. Foto 4 Die Sauce unter Rühren aufkochen lassen.
5. Die Sauce bei schwacher Hitze etwa 5 Minuten im offenen Topf leicht kochen lassen, dabei gelegentlich umrühren. Die Sauce mit Salz und Pfeffer abschmecken.

Verwendung: Die helle Grundsauce eignet sich als Basis für Kräuter- oder Käsesaucen, zu gedünstetem Gemüse, Fisch oder kurz gebratenem Fleisch.

Abwandlung 1 vom Basisrezept:
Béchamelsauce (Foto)
4 Portionen

Zubereitungszeit: etwa 15 Minuten

Zutaten für 1 Basisrezept helle Grundsauce,
mit nur 125 ml (¹/₈ l) Gemüsebrühe
Zusätzlich: 1 Zwiebel, 40 g gewürfelter roher Schinken, 250 ml (¹/₄ l) Milch oder 250 g Schlagsahne, geriebene Muskatnuss

1. Zwiebel abziehen und in kleine Würfel schneiden.
2. Wie beschrieben Butter oder Margarine zerlassen. Zwiebelwürfel darin 2 Minuten andünsten. Schinkenwürfel unterrühren. Mehl hinzufügen und wie beschrieben unterrühren und erhitzen.
3. Wie beschrieben Brühe (125 ml) und anschließend Milch oder Sahne unterrühren. Die Sauce wie beschrieben kochen lassen und mit Salz, Pfeffer und Muskat abschmecken.

Verwendung: Die Sauce passt zu gegartem Gemüse, z. B. Blumenkohl, Spargel, Möhren, Kohlrabi oder Kartoffeln.

3. Nach und nach die kalte Brühe dazugießen, dabei mit dem Schneebesen rühren, damit sich keine Klümpchen bilden.

4. Die Sauce unter Rühren aufkochen lassen.

Abwandlung 2 vom Basisrezept:
Senfsauce
4 Portionen

Zubereitungszeit: etwa 15 Minuten

Zutaten für 1 Basisrezept helle Grundsauce, mit nur 125 ml (⅛ l) Gemüsebrühe
Zusätzlich: 125 ml (⅛ l Milch), 125 g Schlagsahne, ½ Bund Schnittlauch, 2–3 EL mittelscharfer Senf, Zucker

1. Wie beschrieben Butter oder Margarine zerlassen. Mehl hinzufügen und wie beschrieben unterrühren und erhitzen.

2. Wie beschrieben Brühe (125 ml) und anschließend Milch und Sahne unterrühren. Die Sauce wie beschrieben kochen lassen.

3. Schnittlauch abspülen, trockentupfen und in Röllchen schneiden.

4. Die Sauce mit Senf, Salz, Pfeffer und Zucker abschmecken. Mit Schnittlauch bestreut servieren.

Verwendung: Die Sauce passt zu gekochten Eiern, gedünstetem oder gebratenem Fisch und kurz gebratenem Fleisch, z. B. gebratener Hähnchenbrust und gegartem Gemüse.

Abwandlung 3 vom Basisrezept:
Käsesauce
4 Portionen

Zubereitungszeit: etwa 15 Minuten

Zutaten für 1 Basisrezept helle Grundsauce, mit nur 125 ml (⅛ l) Gemüsebrühe
Zusätzlich: 1 Zwiebel, 125 ml (⅛ l Milch), 125 g Schlagsahne, 1–2 EL Weißwein, 100 g Edelpilzkäse (z. B. Gorgonzola oder Blauschimmelkäse), 2 Stängel Basilikum

1. Zwiebel abziehen und in kleine Würfel schneiden.

2. Wie beschrieben Butter oder Margarine zerlassen. Zwiebelwürfel darin 2 Minuten andünsten. Mehl hinzufügen und wie beschrieben unterrühren und erhitzen.

3. Wie beschrieben Brühe (125 ml) und anschließend Milch und Sahne unterrühren. Die Sauce wie beschrieben kochen lassen.

4. Weißwein unterrühren, kurz aufkochen lassen. Käse in kleine Stücke brechen und in der Sauce unter Rühren erhitzen. Die Sauce nicht mehr kochen lassen.

5. Basilikum abspülen, trockentupfen, die Blätter von den Stängeln zupfen. Die Sauce mit Salz und Pfeffer abschmecken. Mit Basilikum bestreut servieren.

Verwendung: Die Sauce passt zu gekochten Nudeln, z. B. Penne, zu gebratenen Steaks oder gegrilltem Gemüse.

Abwandlung 4 vom Basisrezept:
Kräutersauce
4 Portionen

Zubereitungszeit: etwa 25 Minuten

Zutaten für 1 Basisrezept helle Grundsauce, mit nur 125 ml (⅛ l) Gemüsebrühe
Zusätzlich: 1 Zwiebel, 125 ml (⅛ l Milch), 150 g Crème fraîche, 1 großes Bund gemischte Kräuter (z. B. Dill, Petersilie, Kerbel), etwas Zitronensaft

1. Zwiebel abziehen und in kleine Würfel schneiden.

2. Wie beschrieben Butter oder Margarine zerlassen. Zwiebelwürfel darin 2 Minuten andünsten. Mehl hinzufügen und wie beschrieben unterrühren und erhitzen.

3. Wie beschrieben Brühe (125 ml) und anschließend Milch und Crème fraîche unterrühren. Die Sauce wie beschrieben kochen lassen.

4. Kräuter abspülen, trockentupfen und die Blätter abzupfen. Etwas Dill zum Garnieren zurücklassen, restliche Kräuter fein hacken.

5. Gehackte Kräuter zur Sauce geben und kurz aufkochen lassen. Mit Salz, Pfeffer und Zitronensaft abschmecken. Die Sauce mit Dill garniert servieren.

Verwendung: Die Sauce passt zu gebratenem Fisch (z. B. Tilapia), gedünstetem Gemüse oder gebratenen Pilzen.

Mayonnaise

1 Eigelb (Größe M)
1–2 TL Weißweinessig
oder Zitronensaft
Salz
½–1 TL mittelscharfer Senf
125 ml (⅛ l) Speiseöl,
z. B. Sonnenblumenöl

1 Eigelb mit Essig oder Zitronensaft, Salz und Senf in eine Rührschüssel geben.

2 Öl in dünnem Strahl darunter schlagen.

Mayonnaise (Foto, links)
4 Portionen

Zubereitungszeit: etwa 10 Minuten

1. Foto **1** Eigelb mit Essig oder Zitronensaft, Salz und Senf in eine Rührschüssel geben.
2. Foto **2** Alle Zutaten mit einem Handrührgerät mit Rührbesen zu einer dicklichen Masse aufschlagen.
3. Foto **3** Öl in dünnem Strahl nach und nach darunter schlagen (bei dieser Zubereitung ist es nicht notwendig, das Öl tropfenweise zuzusetzen, die an das Eigelb gegebenen Gewürze verhindern eine Gerinnung).

Verwendung: Die Mayonnaise eignet sich als Grundlage für kalte Saucen und Dips, zu Fondue oder als Brotaufstrich für Sandwiches.

Tipp: Die Zutaten für die Mayonnaise sollten ungefähr die gleiche Temperatur haben, damit sich alle Zutaten gut verbinden. Sollte die Mayonnaise geronnen sein, nochmals 1 Eigelb mit Essig oder Zitronensaft verrühren und die geronnene Mayonnaise nach und nach unterrühren.

Hinweis: Nur ganz frische Eier verwenden, die nicht älter als 5 Tage sind (Legedatum beachten!). Die fertige Mayonnaise im Kühlschrank aufbewahren und innerhalb von 24 Stunden verzehren.

Abwandlung 1:
Leichte Mayonnaise (linkes Foto, Mitte)
6 Portionen

Zubereitungszeit: etwa 15 Minuten

Zutaten für 1 Basisrezept Mayonnaise
Zusätzlich: 150 g Vollmilchjoghurt (natur)

1. Die Mayonnaise wie beschrieben zubereiten.
2. Zum Schluss Vollmilchjoghurt unter die Mayonnaise rühren.

Abwandlung 2:
Remouladensauce (linkes Foto, rechts)
6 Portionen

Zubereitungszeit: etwa 20 Minuten

Zutaten für 1 Basisrezept Mayonnaise
Zusätzlich: 2 hart gekochte Eier
1 mittelgroße, fein gewürfelte Gewürzgurke
2 Esslöffel fein gehackte Kräuter (Petersilie, Schnittlauch, Dill, Kerbel, Kresse)
1 Esslöffel abgetropfte, gehackte Kapern
evtl. 2 in Salz eingelegte Sardellenfilets
Salz, frisch gemahlener Pfeffer
Zucker

1. Die Mayonnaise wie beschrieben zubereiten.
2. Eier pellen, Eier mit dem Eierschneider in Scheiben schneiden, dann hacken.
3. Gewürzgurke, Kräuter, Kapern und die gehackten Eier unterrühren (evtl. Sardellenfilets abspülen, trockentupfen, hacken und dazugeben).
4. Die Remouladensauce mit Salz, Pfeffer und Zucker abschmecken.

Abwandlung 3:
Kalte Currysauce (rechtes Foto, links)
6 Portionen

Zubereitungszeit: etwa 15 Minuten

Zutaten für 1 Basisrezept Mayonnaise
Zusätzlich: 1–2 EL Currypulver
1 Esslöffel heißes Wasser
150 g Vollmilchjoghurt (natur) oder 150 g Dickmilch

1. Die Mayonnaise wie beschrieben zubereiten.
2. Currypulver erst mit heißem Wasser verrühren.
3. Dann mit Vollmilchjoghurt oder Dickmilch unter die Mayonnaise rühren.

Tipp: Für eine süße Currysauce zusätzlich noch 1–2 Esslöffel durch ein Sieb gestrichene Aprikosenkonfitüre unterrühren.

Abwandlung 4:
Aioli (rechtes Foto, rechts)
4 Portionen

Zubereitungszeit: etwa 15 Minuten

Zutaten für 1 Basisrezept Mayonnaise
Zusätzlich: 2–3 abgezogene Knoblauchzehen

1. Die Mayonnaise wie beschrieben zubereiten.
2. Zum Schluss Knoblauchzehen durch die Knoblauchpresse drücken und unter die Mayonnaise rühren.

Saucen und Dips

Zwiebel-Vinaigrette

1 kleine Zwiebel
4 Cornichons (kleine Gewürzgurken, aus dem Glas)
½ Bund Petersilie
2–3 El Weißweinessig
1 getr. TL mittelscharfer Senf
Salz
frisch gemahlener Pfeffer
Zucker
6 EL Speiseöl

Zwiebel quer in kleine Würfel schneiden.

Cornichons in kleine Würfel schneiden.

Zwiebel-Vinaigrette (Foto, rechts)
4 Portionen

Zubereitungszeit: etwa 20 Minuten

1. Zwiebel abziehen und halbieren.

2. Zwiebelhälften mehrmals längs einschneiden. Dann 2–3-mal waagerecht bis an das Wurzelende einschneiden, Foto **1** dann quer in kleine Würfel schneiden.

3. Foto **2** Cornichons erst der Länge nach in Scheiben und Streifen schneiden, dann in kleine Würfel schneiden.

4. Petersilie abspülen und trockentupfen. Die Blättchen von den Stängeln zupfen. Foto **3** Petersilie hacken.

5. Foto **4** Essig, Senf, Zwiebeln, Salz, Pfeffer und Zucker in eine kleine Schüssel geben und mit einem Schneebesen verrühren.

6. Foto **5** Öl esslöffelweise dazugeben und mit dem Schneebesen unterrühren.

7. Foto **6** Cornichons und Petersilie in die Sauce geben und unterrühren.

8. Sauce mit Salz und Pfeffer abschmecken.

Tipp: Zusätzlich einige eingelegte Kapern abtropfen lassen, fein hacken und unter die Sauce rühren.

3 Petersilie hacken.

4 Essig, Senf, Zwiebeln, Salz, Pfeffer und Zucker in eine kleine Schüssel geben und mit einem Schneebesen verrühren.

5 Öl esslöffelweise dazugeben und mit dem Schneebesen unterrühren.

6 Cornichons und Petersilie in die Sauce geben und unterrühren.

French-Dressing (linkes Foto, links)
4 Portionen

Zubereitungszeit: etwa 10 Minuten

2–3 EL Weißweinessig
1 EL mittelscharfer Senf
Salz
frisch gemahlener Pfeffer
Zucker
6–8 EL Olivenöl

1. Essig und Senf in eine kleine Schüssel geben und mit einem Schneebesen verrühren. Mit Salz, Pfeffer und Zucker würzen.
2. Olivenöl esslöffelweise dazugeben und mit dem Schneebesen unterrühren. Mit Salz und Pfeffer abschmecken.

Italian-Dressing (rechtes Foto, links)
4 Portionen

Zubereitungszeit: etwa 10 Minuten

1 Knoblauchzehe
2 EL Balsamico-Essig oder Rotweinessig
Salz
frisch gemahlener Pfeffer
6–8 EL Olivenöl

1. Knoblauch abziehen und durch die Knoblauchpresse drücken. Mit Essig, Salz und Pfeffer in eine kleine Schüssel geben und mit einem Schneebesen verrühren.
2. Olivenöl esslöffelweise dazugeben und mit dem Schneebesen unterrühren. Mit Salz und Pfeffer abschmecken.

Gorgonzola-Dressing (rechtes Foto, rechts)
4 Portionen

Zubereitungszeit: etwa 10 Minuten

2 EL Rotweinessig
Salz
frisch gemahlener Pfeffer
6–8 EL Olivenöl
30 g Gorgonzola-Käse

1. Essig, Salz und Pfeffer in eine kleine Schüssel geben und mit einem Schneebesen verrühren.
2. Olivenöl esslöffelweise dazugeben und mit dem Schneebesen unterrühren. Käse in kleinen Brocken dazugeben und unterrühren. Mit Salz und Pfeffer abschmecken.

Thousand-Islands-Dressing

½ rote Paprikaschote
½ grüne Paprikaschote
1 kleines Bund Schnittlauch
3 EL Salatmayonnaise
3 EL Vollmilchjoghurt, natur
Salz
½ TL Paprikapulver, edelsüß
einige Tropfen Tabasco
(Chilisauce)
frisch gemahlener Pfeffer
1–2 TL Weißweinessig

Kerne und Scheidewände entfernen.

Schnittlauch in feine Röllchen schneiden.

Thousand-Islands-Dressing
4 Portionen

Zubereitungszeit: etwa 20 Minuten

1. Paprikahälften der Länge nach durchschneiden. Foto 1 Kerne und Scheidewände entfernen.

2. Paprika abspülen und abtropfen lassen. Paprika in sehr kleine Würfel schneiden.

3. Schnittlauch abspülen und trockentupfen. Foto 2 Schnittlauch in feine Röllchen schneiden.

4. Foto 3 Mayonnaise und Joghurt in eine Schüssel geben und mit einem Schneebesen verrühren. Mit Salz, Paprikapulver und Tabasco würzen. Jeweils 1 Teelöffel Schnittlauchröllchen und Paprikawürfel zum Garnieren beiseite legen.

5. Foto 4 Paprikawürfel und Schnittlauch in die Sauce geben und unterrühren.

6. Die Sauce mit Salz, Pfeffer, Paprikapulver und Weißweinessig abschmecken. Mit restlichem Schnittlauch und Paprika garnieren.

Joghurt-Dressing (Foto Seite 39, hinten)
4 Portionen

Zubereitungszeit: etwa 10 Minuten

3 Stängel Zitronenmelisse (ersatzweise Petersilie, Schnittlauch, Dill oder Kerbel)
300 g Vollmilchjoghurt, natur
2–3 TL Zitronensaft
Salz
frisch gemahlener Pfeffer
Zucker

1. Zitronenmelisse abspülen, trockentupfen und bis auf einige Blätter zum Garnieren fein hacken.

2. Joghurt, Zitronensaft und Zitronenmelisse in eine Schüssel geben und mit einem Schneebesen verrühren. Mit Salz, Pfeffer und Zucker abschmecken. Mit restlicher Zitronenmelisse garnieren.

3

Mayonnaise und Joghurt in eine Schüssel geben und mit einem Schneebesen verrühren.

4

Paprikawürfel und Schnittlauch in die Sauce geben und unterrühren.

Grünes Kräuterdressing mit Buttermilch

(Foto, vorne)
4 Portionen

Zubereitungszeit: etwa 15 Minuten

3 Stängel Petersilie
½ Kästchen Kresse
125 ml (⅛ l) Buttermilch
1 TL flüssiger Honig
1 TL mittelscharfer Senf
2 EL Olivenöl
Salz
frisch gemahlener Pfeffer

1. Petersilie abspülen, Blätter abzupfen und grob hacken. Kresse abschneiden, 1 Teelöffel zum Garnieren beiseite legen.

2. Kräuter, Buttermilch, Honig, Senf und Olivenöl in einen hohen Rührbecher geben und mit dem Schneidstab pürieren.

3. Die Sauce mit Salz und Pfeffer abschmecken, mit restlicher Kresse garnieren.

Pesto (Italienische Basilikumsauce)

4 EL Pinienkerne (60 g)
2 Bund Basilikum
4 Knoblauchzehen
100 ml Olivenöl
100 g frisch geriebener
Parmesan- oder Pecorino-Käse
Salz
frisch gemahlener Pfeffer
etwas Olivenöl

1 Pinienkerne in einer Pfanne ohne Fett hellbraun rösten.

2 Basilikumblättchen von den Stängeln zupfen.

3 Basilikumblättchen, Knoblauch und Pinienkerne grob hacken.

Pesto (Italienische Basilikumsauce)
4 Portionen

Zubereitungszeit: etwa 30 Minuten

1. Foto **1** Pinienkerne in einer Pfanne ohne Fett bei schwacher Hitze hellbraun rösten, auf einem Teller abkühlen lassen.
2. Basilikum abspülen und trockentupfen.
3. Foto **2** Die Blättchen von den Stängeln zupfen.
4. Knoblauch abziehen. Foto **3** Basilikumblättchen, Knoblauch und Pinienkerne grob hacken.
5. Foto **4** Mit der Hälfte des Öls mit dem Schneidstab oder im Zerkleinerer fein hacken.
6. Restliches Olivenöl zufügen und gut unterrühren.
7. Foto **5** Käse hinzufügen und mit der Masse verrühren. Mit Salz und Pfeffer würzen.

4 Mit der Hälfte des Öls mit dem Schneidstab oder im Zerkleinerer fein hacken.

5 Käse hinzufügen und mit der Masse verrühren.

Tsatsiki
4–6 Portionen

Zubereitungszeit: etwa 35 Minuten

½ Salatgurke (etwa 250 g)
2–3 Knoblauchzehen
Salz, evtl. frisch gemahlener, weißer Pfeffer
500 g griechischer Joghurt, natur (10 % Fett)
1 EL Olivenöl

8. Die Basilikumsauce in 1–2 gründlich gereinigte und gespülte kleine Gläser füllen und Olivenöl daraufgießen (etwa ½ cm hoch). Die Gläser gut verschließen und kühl aufbewahren.

Tipp: Pesto zu Nudelgerichten oder zu Fleisch reichen. Wenn das angebrochene Pesto längere Zeit aufbewahrt werden soll, wieder etwas Olivenöl darüber gießen und das Glas verschließen.

1. Gurke waschen, trockentupfen, nach Belieben schälen, evtl. halbieren und die Kerne mit einem Löffel herausschaben. Das Gurkenfleisch auf einer Haushaltsreibe fein raspeln und etwas ausdrücken.

2. Knoblauch abziehen und mit Salz zerdrücken.

3. Joghurt in einem Sieb (mit Küchenpapier ausgelegt) gut abtropfen lassen (am besten über Nacht) und glattrühren. Gurkenraspel, Öl und Knoblauch unterrühren. Evtl. mit Salz und Pfeffer abschmecken.

4. Tsatsiki in eine Schüssel geben und zugedeckt kalt stellen.

Tipp: Tsatsiki schmeckt gut durchgezogen besonders intensiv, deshalb am besten am Vortag zubereiten. Tsatsiki schmeckt gut zu Gyros, gegrilltem Fleisch oder Fisch (dann Dill hinzufügen).

Guacamole (Mexikanische Avocadocreme)

3 Bund Koriander
(ersatzweise glatte Petersilie)
3 Schalotten
1–2 Knoblauchzehen
2 EL Speiseöl
2 reife Avocados
3 EL Limettensaft
Salz
Cayennepfeffer

1 Schalotten und Knoblauch abziehen und klein schneiden.

2 Koriander, Schalotten, Knoblauch und Speiseöl in einen hohen Rührbecher geben und mit einem Schneidstab pürieren.

3 Avocados halbieren und die Steine entfernen. Avocadofleisch mit einem Esslöffel herausheben.

Guacamole (Mexikanische Avocadocreme)
4 Portionen

Zubereitungszeit: etwa 25 Minuten

1. Koriander abspülen und trockentupfen. Die Blättchen von den Stängeln zupfen. Blättchen grob zerkleinern.

2. Foto 1 Schalotten und Knoblauch abziehen und klein schneiden.

3. Foto 2 Koriander, Schalotten, Knoblauch und Speiseöl in einen hohen Rührbecher geben und mit einem Schneidstab pürieren.

4. Foto 3 Avocados halbieren und die Steine entfernen. Avocadofleisch mit einem Esslöffel herausheben.

5. Foto 4 Avocadofleisch und Limettensaft zu der Koriander-Schalotten-Masse geben und mit dem Schneidstab zu einer glatten Paste pürieren.

6. Die Creme mit Salz und Cayennepfeffer kräftig abschmecken.

Abwandlung:

1. Foto 5 Eine mittelgroße Tomate kreuzweise einritzen und kurz in kochendes Wasser legen.

2. Foto 6 Tomate enthäuten, entkernen und würfeln.

3. Foto 7 Tomatenwürfel unter die Guacamole heben.

Tipp: Guacamole passt als Dip zu einer Rohkostplatte und zu Tacos.

Abwandlung: Guacamole mit Tomatenwürfeln

4 Avocadofleisch und Limettensaft zur Koriander-Schalotten-Masse geben.

5 Tomaten eingeritzt kurz in kochendes Wasser legen.

6 Tomate enthäuten und entkernen.

7 Tomatenwürfel unter die Guacamole heben.

BBQ-Sauce (Barbecue-Sauce)
12–15 Portionen

Zubereitungszeit: etwa 20 Minuten, ohne Kühl- und Durchziehzeit

300 ml starker Kaffee (Espresso oder Mokka)
1 Gemüsezwiebel
1 kleines Bund krause Petersilie
1 TL Sambal Oelek
1 l (1 kg) Tomatenketchup

1. Kaffee vorbereiten und kalt stellen. Zwiebel abziehen, halbieren und in kleine Würfel schneiden.

2. Petersilie abspülen und trockentupfen. Die Blättchen von den Stängeln zupfen. Blättchen klein schneiden.

3. Kaffee in eine Schüssel gießen. Zwiebelwürfel, Petersilie, Sambal Oelek und Ketchup hinzufügen. Die Zutaten gut verrühren.

4. Die Sauce in vorbereitete Gläser oder Flaschen füllen, fest verschließen und kalt stellen. Sauce durchziehen lassen.

5. Die BBQ-Sauce kann schon nach einem Tag verwendet werden und ist gekühlt mindestens 3–4 Wochen haltbar.

Tipp: Die Sauce darf bei keinem Barbecue fehlen. Sie eignet sich besonders gut zu gegrilltem Fleisch und zum Bestreichen von gebackenen Spare Ribs. Oder als Dip-Sauce zu Frittiertem reichen.

Ratgeber
Salate

Salate – auf die Mischung kommt es an

Knackig und voller Vitamine – so schmeckt Salat am besten. Blattsalate enthalten wichtige Vitamine, Mineralstoffe und Spurenelemente, aber so gut wie kein Fett. Besonders gehaltvoll sind die Freilandsalate. Bei Salat gilt: je frischer, desto besser. Deshalb sollten Sie gekauften Salat am gleichen Tag zubereiten. Auch die anderen Grundzutaten, ob gegart oder gekocht, sollten Sie so schnell wie möglich verarbeiten. Salat lässt sich in allen Variationen zubereiten, mit Gemüse, Fleisch, Käse und Ei.

Einkauf und Lagerung

So bleiben die Vitamine nicht auf der Strecke

- Verwenden Sie für Rohkost-, Blatt- und Gemüsesalate immer frische, knackige Rohware.
- Darauf achten, dass die Salatköpfe während des Transports nicht gequetscht werden.
- Frische Blattsalate zum Aufbewahren in ein feuchtes Tuch wickeln oder in einen großen Plastikbeutel geben. Etwas Luft hineinblasen, den Beutel fest verschließen und im Gemüsefach des Kühlschranks aufbewahren. So wird der Salat nicht zerdrückt und bleibt länger frisch.
- Nur einige Salatsorten (z. B. Eisbergsalat) sind in Folie gewickelt einige Tage im Kühlschrank haltbar.

Vorbereitung

Blattsalate – schneller Vitaminschub

- Entfernen Sie die äußeren und unansehnlichen Blätter.
- Zerteilen Sie den Salatkopf in einzelne Blätter, dabei schlechte Stellen entfernen.
- Waschen Sie die unzerteilten Blätter vorsichtig, aber gründlich in kaltem Wasser, stark verschmutzten Salat auch mehrmals. Dabei die Blätter nicht drücken und im Wasser liegen lassen.
- Wenn Blätter zu lange im Wasser liegen, laugen sie aus.
- Geben Sie die Blätter zum Abtropfen in ein Sieb oder nutzen Sie dafür eine Salatschleuder.
- Entfernen Sie grobe Stiele und harte Mittelrippen und zerpflücken die Blätter in kleinere oder größere Stücke. Festere Salatsorten können auch geschnitten werden.
- Vorbereitetes Gemüse fein oder grob raspeln oder in Scheiben oder Stifte schneiden.
- Geben Sie die Salatzutaten in eine ausreichend große Schüssel, damit sie sich locker mit der Sauce mischen lassen.
- Blattsalate immer erst unmittelbar vor dem Essen mit der Sauce mischen.

Die Sauce macht den Salat

Erst die passende Sauce bringt Ihren Salat geschmacklich optimal zur Geltung. Eine klassische Vinaigrette können Sie sogar auf Vorrat zubereiten. Die Basissaucen können Sie leicht abwandeln und durch unterschiedlichste Zutaten verfeinern. Wichtig ist nur, dass Sie dabei auf die Reihenfolge achten. Salz und evtl. Zucker müssen in Essig aufgelöst sein, ehe Sie das Öl hinzufügen. Kräuter und weitere Zutaten wie Zwiebelwürfel erst zum Schluss unterrühren.

Grundrezept

Auf diesem Grundrezept für Salatsaucen basiert die klassische Vinaigrette oder Essig-Öl-Marinade. Sie wird aus 1 Teil Essig und 2–3 Teilen Speiseöl zubereitet und mit Pfeffer, Salz, Zucker, nach Belieben frischen Küchenkräutern, Zwiebelwürfeln und etwas Senf abgeschmeckt.

Vinaigrette

Rechnen Sie pro Portion Salat etwa 2 Esslöffel Essig und 4–6 Esslöffel Öl. Lösen Sie zuerst das Salz in dem Essig auf. Danach schlagen Sie das Öl so lange unter, bis sich eine sämige Emulsion gebildet hat. Würzen Sie nach Belieben mit frisch gemahlenem Pfeffer. Fein gehackte Zwiebeln, Schalotten oder Knoblauch sollten Sie nur mit Salz zerdrückt in die Vinaigrette rühren. Die Vinaigrette gleich über den Salat geben oder durchziehen lassen, dann wird sie würziger.

Sahnesauce

Für Sahnesaucen wird saure oder süße Sahne mit Zitronensaft oder Essig vermischt und wie die Vinaigrette mit Gewürzen abgeschmeckt und mit Kräutern verfeinert.

Essig & Öl

Durch die Wahl der Essig- und Ölsorte für Ihre Sauce können Sie den Geschmack eines Salates stark beeinflussen. Wein- und Kräuteressige sind sehr vielfältig einsetzbar, während ein dunkler Balsamico-Essig nur zu bestimmten Salaten passt. Sonnenblumenöl, Maiskeimöl oder Rapsöl sind relativ geschmacksneutral. Olivenöl oder Nussöle dagegen weisen einen stärkeren Eigengeschmack auf. Durch die Verwendung von möglichst hochwertigen, kaltgepressten Ölen heben sie nicht nur den Geschmack Ihrer Salate, sondern auch den gesundheitlichen Wert.

Alles Salat! – die schmackhaftesten Blattsalate

Bataviasalat
Französische Kopfsalatsorte mit herzhaft-würzigem bis mildsüßlichem Geschmack. Wird wie Kopfsalat zubereitet und mit den gleichen Saucen angerichtet.

Chinakohl
Große längliche Köpfe von blassgrüner Farbe. Schmeckt als Gemüse oder Salat. Leichter Kohlgeschmack.

Eichblattsalat
Kopfsalatart mit leicht geschlitzten Blättern und nussartigem, würzigem Geschmack. Dazu passen leichte Saucen.

Eisbergsalat
Helle, feste Köpfe. Der sehr knackige Salat ist haltbar und verträgt alle Saucen.

Endiviensalat
Fester, grüner Kopf mit breiten, am Rand grob gezahnten Blättern. Verträgt sich gut mit Mayonnaisen.

Feldsalat
Tiefgrüne, kleine Blätter mit fester Struktur. Leicht herbes, auch nussiges Aroma. Passt gut in Salat-Mischungen. Fällt schnell zusammen.

Friséesalat
Krausblättrige Endiviensorte. Leicht bitter im Geschmack, dafür schön knackig. Gut für gemischte Salate und Mayonnaise-Saucen.

Kopfsalat
Eine der beliebtesten Salatarten. Mehr oder weniger geschlossene Köpfe mit zarten Blättern. Wird mit Vinaigrette und Sahnesaucen angerichtet.

Lollo Rossa, Lollo Bionda
Gehören zur Familie der Endiviensalate. Knackige rote oder hellgrüne Blätter mit leicht bitterem, nussigem Geschmack. Passen gut in Salatmischungen und zu allen Saucen.

Radicchio
Faustgroße, sehr feste Köpfe mit violettroten Blättern und weißen Adern. Leicht bitterer Geschmack. Dazu passen kräftige Saucen.

Römischer Salat
Länglicher, fester Kopf mit schmalen, knackigen Blättern. Herzhaft-würzig im Geschmack. Gut für gemischte Salate.

Rucola (Rauke)
Schmale, gezackte Blätter mit würzig-nussigem, manchmal leicht scharfem Geschmack. Passt gut in Salatmischungen.

Grüner Salat

200 g grüner Salat,
z. B. Eisbergsalat, Kopfsalat,
Lollo bionda

Für die Vinaigrette:
1 EL Weißwein- oder
Obstessig oder Zitronensaft
Salz
2–3 EL Mineralwasser
1 TL mittelscharfer Senf
4 EL Speiseöl
4 Stängel Petersilie

½ Bund Schnittlauch
½ Kästchen Kresse
1 kleine Zwiebel
frisch gemahlener Pfeffer
1 Prise Zucker

Den Strunk keilförmig aus dem Salat schneiden.

Salat in einer Salatschleuder trockenschleudern.

Grüner Salat
2 Portionen

Zubereitungszeit: etwa 15 Minuten

1. Salat putzen und die äußeren, welken Blätter entfernen. Foto 1 Den Strunk keilförmig mit einem Messer aus dem Salat herausschneiden. Den Salat in reichlich Wasser gründlich waschen, aber nicht drücken.

2. Salat in einem Sieb gut abtropfen lassen. Foto 2 Oder in einer Salatschleuder trockenschleudern.

3. Foto 3 Die dicken Rippen aus den Salatblättern entfernen und die großen Blätter kleiner zupfen. Die Herzblätter ganz lassen.

4. Für die Vinaigrette Essig oder Zitronensaft mit Salz, Mineralwasser und Senf verrühren. Speiseöl unterschlagen.

5. Kräuter abspülen und trockentupfen. Petersilienblätter von den Stängeln zupfen. Kresse mit der Küchenschere vom Beet abschneiden. Kresse und Petersilie hacken. Schnittlauch in Röllchen schneiden. Zwiebel abziehen und in sehr kleine Würfel schneiden.

6. Kräuter und Zwiebelwürfel unter die Marinade rühren. Mit Salz, Pfeffer und Zucker würzen.

7. Foto 4 Den Salat mit der Vinaigrette vermengen und sofort servieren.

Tipp: Frisch schmeckt dazu auch eine Zucker-Zitronen-Sauce. Dafür den Saft einer Zitrone mit 1 gehäuften Teelöffel Zucker gut verrühren, bis sich der Zucker gelöst hat. Die Sauce mit den Salatblättern mischen und kurz durchziehen lassen.

3 Die dicken Rippen aus den Salatblättern entfernen und die großen Blätter kleiner zupfen.

4 Den Salat mit der Vinaigrette vermengen und sofort servieren.

Grüner Salat mit Früchten
4 Portionen

Zubereitungszeit: etwa 20 Minuten

1 Kopf Salat
½ Netzmelone
2 Birnen
2 Orangen
1 Bund Schnittlauch
2 Becher Vollmilchjoghurt, natur (300 g)
Salz
frisch gemahlener Pfeffer
1 TL Zucker
Saft von 1 Zitrone

1. Salat wie beschrieben putzen, waschen und abtropfen lassen.

2. Melone in Spalten schneiden, von Kernen und Schale befreien, in kleine, mundgerechte Stücke teilen.

3. Birnen schälen, vierteln, entkernen und in Spalten schneiden. Orangen schälen, filetieren, in Spalten schneiden. Beide Zutaten mit den Melonenstücken mischen. Schnittlauch abspülen, trockentupfen und in feine Röllchen schneiden.

4. Joghurt mit Salz, Pfeffer, Zucker und Zitronensaft pikant abschmecken.

5. Abgetropfte Salatblätter mit dem Obst anrichten, mit Joghurtdressing und Schnittlauchröllchen servieren.

Rucola mit Parmesan (Foto)
4 Portionen

Zubereitungszeit: etwa 25 Minuten, ohne Abkühlzeit

30 g Pinienkerne
125 g Rucola (Rauke)
250 g Cocktailtomaten
30 g Parmesan-Käse

Für die Sauce:
2–3 EL Balsamico-Essig
½ TL flüssiger Honig
Salz
frisch gemahlener Pfeffer
5 EL Olivenöl

1. Pinienkerne in einer Pfanne ohne Fett goldbraun rösten und auf einem Teller erkalten lassen.

2. Rucola verlesen, dicke Stängel abschneiden, Rucola waschen, trockenschleudern und größere Blätter einmal durchschneiden.

3. Cocktailtomaten waschen, abtrocknen und halbieren oder vierteln. Parmesan hobeln.

4. Für die Sauce Essig mit Honig, Salz und Pfeffer verrühren. Öl unterschlagen.

5. Rucola auf einer Platte anrichten, Tomaten darauf verteilen. Mit der Salatsauce beträufeln und Pinienkerne und Parmesan darüber streuen.

Tipp: Den Salat als Vorspeise, als Beilage zu Grillgerichten, zu kurz gebratenem Fleisch oder zu Risotto servieren. Anstelle der Pinienkerne können Sie auch Mandelstifte oder grob gehackte Walnusskerne verwenden.

Möhren-Apfel-Salat

Für die Salatsauce:
1–2 EL Zitronensaft
Salz
Zucker
1 EL Speiseöl

500 g Möhren
250 g Äpfel
etwas Blattsalat
(z.B. Lollo Bionda)

Für die Sauce Zitronensaft mit Salz und Zucker verrühren, Speiseöl unterschlagen.

Möhren mit Sparschäler schälen.

Möhren-Apfel-Salat
4 Portionen

Zubereitungszeit: 25 Minuten, ohne Durchziehzeit

1. Foto 1 Für die Sauce Zitronensaft mit Salz und Zucker verrühren, Speiseöl unterschlagen.
2. Foto 2 Möhren putzen und mit einem Sparschäler schälen. Möhren abspülen und abtropfen lassen.
3. Foto 3 Äpfel waschen, schälen, vierteln und entkernen.
4. Foto 4 Möhren und Apfelviertel auf einer Haushaltsreibe raspeln und in eine Schüssel geben. Salat putzen, abspülen und trockentupfen.
5. Die Sauce zu den Möhren- und Apfelraspeln geben und untermengen.
6. Den Salat mit Salz und Zucker abschmecken und etwas durchziehen lassen. Auf den Salatblättern anrichten.

Gurkensalat
4 Portionen

Zubereitungszeit: etwa 20 Minuten, ohne Durchziehzeit

2 mittelgroße Salatgurken (je 400 g)
1 Bund Dill
2 EL Weißweinessig
Salz
frisch gemahlener Pfeffer
1–2 TL Zucker
3 EL Speiseöl

1. Gurken schälen und die Enden abschneiden. Gurken in dünne Scheiben schneiden oder auf einer Hauhaltsreibe hobeln.
2. Dill abspülen und trockentupfen. Dill in kleine Zweige zupfen und hacken.
3. Essig mit Salz, Pfeffer und Zucker verrühren. Speiseöl unterschlagen. Dill unterrühren.
4. Die Gurkenscheiben in eine Schüssel geben und mit der Sauce gut vermengen. 15 Minuten durchziehen lassen. Den Salat nochmals mit Salz und Pfeffer abschmecken.

Äpfel vierteln und entkernen.

Möhren auf einer Haushaltsreibe raspeln.

Abwandlung:
Gurkensalat mit Sauerrahm

Dazu die Gurken wie unter Punkt 1 beschrieben vorbereiten. 1 Bund Dill abspülen und trockentupfen. Die Spitzen von den Stängeln zupfen. Spitzen klein schneiden. Dill mit 4 Esslöffeln saurer Sahne oder Schmand verrühren. Die Sauce mit Salz und Pfeffer abschmecken, mit den Gurkenscheiben vermengen.

Bunter Nudelsalat
4 Portionen

Zubereitungszeit: etwa 30 Minuten, ohne Durchziehzeit

1½ l Wasser
1½ gestr. TL Salz
200 g Farfalle-Nudeln (Schmetterlingsnudeln)

200 g Möhren
½ Blumenkohl (etwa 400 g)
200 g TK-Erbsen
100 g magerer, gekochter Schinken

150 g Salatmayonnaise
150 g Vollmilchjoghurt, natur
Salz
frisch gemahlener Pfeffer

2 hart gekochte Eier

1. Wasser in einem geschlossenen großen Topf zum Kochen bringen. Dann Salz und Nudeln zugeben. Die Nudeln im geöffneten Topf bei mittlerer Hitze nach Packungsanleitung kochen lassen, dabei zwischendurch 4–5-mal umrühren.

2. Anschließend die Nudeln in ein Sieb geben, kurz mit heißem Wasser abspülen und abtropfen lassen.

3. Möhren putzen, schälen, abspülen, abtropfen lassen und in Scheiben schneiden. Von dem Blumenkohl die Blätter und die schlechten Stellen entfernen. Den Strunk abschneiden. Blumenkohl in Röschen teilen. Blumenkohlröschen abspülen und abtropfen lassen.

4. Die Möhrenscheiben und Blumenkohlröschen in einem Topf mit wenig kochendem Salzwasser zugedeckt etwa 4 Minuten garen.

5. Die gefrorenen Erbsen hinzufügen und noch weitere 2 Minuten garen lassen. Das Gemüse in ein Sieb geben, mit eiskaltem Wasser übergießen, abtropfen und erkalten lassen.

6. Schinken in kleine Würfel schneiden und in eine Schüssel geben. Gemüsezutaten und Nudeln untermischen.

7. Mayonnaise mit Joghurt, Salz und Pfeffer verrühren. Die Salatzutaten unterheben. Den Salat gut durchziehen lassen.

8. Eier pellen und sechsteln. Den Salat mit den Eierspalten garniert servieren.

Mamas Kartoffelsalat

1 kg fest kochende Kartoffeln
1 Zwiebel
1 kleines Bund Frühlingszwiebeln
1 Bund Radieschen
1 kleines Glas Cornichons (kleine Gewürzgurken)

Für die Sauce:
6 EL Salatmayonnaise
2 TL mittelscharfer Senf
300 g Crème fraîche
Salz
frisch gemahlener Pfeffer
1 TL Zucker oder Honig
3 EL Gurkenwasser (aus dem Glas)

1 Kartoffeln abgießen, mit kaltem Wasser abschrecken.

2 Heiße Kartoffeln pellen.

3 Frühlingszwiebeln in Ringe schneiden.

4 Von den Radieschen Stängel und Wurzeln abschneiden.

Mamas Kartoffelsalat (Foto, links)
4 Portionen

Zubereitungszeit: etwa 50 Minuten, ohne Kühlzeit

1. Kartoffeln abspülen, in Salzwasser zum Kochen bringen, in 25–30 Minuten gar kochen. Foto 1 Abgießen, mit kaltem Wasser abschrecken.

2. Foto 2 Heiße Kartoffeln auf eine 3-Zack-Gabel spießen und mit einem kleinen geraden Messer pellen. Kartoffeln abkühlen lassen und in Scheiben schneiden.

3. Zwiebel abziehen und fein würfeln. Frühlingszwiebeln putzen, abspülen und in Ringe schneiden. Foto 3

4. Grün vom Radieschenbund abdrehen. Foto 4 Von den Radieschen Stängel und Wurzeln abschneiden. Radieschen waschen, putzen und vierteln. Gurken in Scheiben schneiden (etwas Gurkenwasser aus dem Glas zurückbehalten).

5. Für die Sauce Mayonnaise mit Senf und Crème fraîche verrühren. Mit Salz, Pfeffer und Zucker oder Honig würzen.

6. Gemüse mit der Sauce mischen und den Salat 30 Minuten kalt stellen.

7. Vor dem Servieren den Salat nochmal mit Salz, Pfeffer, Zucker oder Honig und Gurkenwasser abschmecken.

Tipp: Der Salat wird leichter, wenn Crème fraîche durch Joghurt ersetzt wird.

Kartoffelsalat mit Pesto (Foto, unten)
4 Portionen

Zubereitungszeit: etwa 40 Minuten, ohne Durchziehzeit

1 kg kleine neue Kartoffeln
200 g getrocknete, eingelegte Tomaten (aus dem Glas)
grünes Pesto (90 g)
Saft von 1–2 Zitronen
Salz
frisch gemahlener Pfeffer
2–3 EL Tomatenöl (aus dem Glas)

1. Kartoffeln gründlich waschen, abtropfen lassen, in Salzwasser zum Kochen bringen, in 25–30 Minuten gar kochen. Abgießen, mit kaltem Wasser abschrecken. Kartoffeln ungepellt halbieren.

2. Eingelegte Tomaten in ein Sieb geben und abtropfen lassen und Tomatenöl auffangen.

3. Grünes Pesto und Zitronensaft in eine Schüssel geben. Gut vermengen. Die Tomaten hinzufügen.

4. Salat mit Salz, Pfeffer und etwas Tomatenöl abschmecken.

5. Den Salat 1 Stunde zugedeckt durchziehen lassen, nicht kalt stellen.

Tipp: Der Pesto-Kartoffelsalat passt gut zu gebratenen Mittelmeerfischen.

Sommersalat mit Hähnchenbruststreifen

1 kleiner Kopf Lollo Rosso 1 kleiner Kopf Lollo Bionda 1 Handvoll Feldsalat oder 2 Beutel Salat aus der Kühl- theke je nach Hersteller und Mischung von je 200–230 g 2 Frühlingszwiebeln je 1 kleine rote und gelbe Paprikaschote 4 Hähnchenbrustfilets (je etwa 150 g)	1 Bund Frühlingszwiebeln (150 g) 4 EL Speiseöl Salz frisch gemahlener Pfeffer 3 EL Weißweinessig 3 EL Wasser

1 Von den Frühlingszwiebeln Wurzelenden abschneiden, evtl. äußeres Blatt entfernen.

2 Frühlingszwiebeln in schräge Ringe schneiden.

Sommersalat mit Hähnchenbruststreifen
4 Portionen

Zubereitungszeit: etwa 35 Minuten

1. Salatköpfe putzen und äußere schlechte Blätter entfernen. Salatblätter jeweils vom Strunk lösen. Salatblätter und Feldsalat in reichlich Wasser gründlich waschen, in einem Sieb abtropfen lassen oder in einer Salatschleuder trockenschleudern. Große Salatblätter kleiner zupfen und die Herzblätter ganz lassen. Feldsalat verlesen, Wurzelenden abzupfen.

2. Foto 1 Von den Frühlingszwiebeln Wurzelenden abschneiden, evtl. äußeres Blatt entfernen.

3. Foto 2 Frühlingszwiebeln abspülen, abtropfen lassen und in schräge Ringe schneiden. Paprikahälften entstielen, entkernen und die weißen Scheidewände entfernen. Die Schotenhälften waschen, trockentupfen und in Streifen schneiden.

4. Hähnchenbrustfilets unter fließendem kalten Wasser abspülen und mit Küchenpapier trockentupfen.

5. Foto 3 Von den Hähnchenbrustfilets die Sehnen entfernen.

6. Foto 4 Filets quer zur Faser in Streifen schneiden (in Stärke der Frühlingszwiebel- und Paprikastreifen).

7. Etwas von dem Speiseöl in einer Pfanne erhitzen. Foto 5 Die Fleischstreifen in 2 Portionen darin von allen Seiten kurz anbraten. Angebratenes Fleisch wieder in die Pfanne geben. Frühlingszwiebel-, und Paprikastreifen hinzufügen und 2–3 Minuten mitdünsten lassen, mit den Fleischstreifen aus der Pfanne nehmen, mit Salz und Pfeffer würzen und warm stellen.

8. Foto 6 Für die Sauce den Bratensatz mit Essig und Wasser ablöschen, mit Salz und Pfeffer würzen. Restliches Speiseöl unterschlagen.

9. Vorbereitete Salatzutaten mit Hähnchenbrustfiletstreifen auf einer Platte oder in einer Schüssel anrichten und mit der lauwarmen Sauce beträufeln. Sofort servieren.

3. Von den Hähnchenbrustfilets die Sehnen entfernen.

4. Filets quer zur Faser in Streifen schneiden.

5. Die Fleischstreifen in 2 Portionen von allen Seiten kurz anbraten.

6. Den Bratensatz mit Essig und Wasser ablöschen, mit Salz und Pfeffer würzen.

Caesar's Salat
4 Portionen

Zubereitungszeit: etwa 30 Minuten

4 Scheiben Toastbrot
30 g Butter
oder 1 Handvoll fertige Croûtons

Für das Dressing:
1 Knoblauchzehe
200 g Salatmayonnaise
50 g Schlagsahne
1–2 EL frisch geriebener Parmesan
1 EL Weißweinessig
Salz
frisch gemahlener Pfeffer

1 Römersalat
50 g frisch gehobelter Parmesan

1. Toastbrot in Würfel schneiden. In zerlassener Butter bei mittlerer Hitze hellbraun braten, auf einen Teller geben und abkühlen lassen.

2. Knoblauch abziehen. Mayonnaise mit Sahne in einen hohen Rührbecher geben.

3. Knoblauch, Parmesan, Essig, Salz und Pfeffer dazugeben. Zutaten mit einem Schneidstab pürieren.

4. Dressing mit Salz und Pfeffer abschmecken.

5. Römersalat putzen, abspülen, in einem Sieb abtropfen lassen oder in einer Salatschleuder trockenschleudern. Salat in mundgerechte Stücke zupfen.

6. Salat mit dem Dressing beträufeln, mit Parmesan und Croûtons bestreuen.

Tipp: Frisches Baguette ist ein guter Begleiter.

Nizza-Salat

250 g grüne Bohnen
1 l Wasser
1 TL Salz
500 g Tomaten
1 Salatgurke (500 g)
1 rote Paprikaschote (200 g)
2 Schalotten
oder 1 rote Zwiebel
4 Eier (Größe M)
4 Sardellenfilets (in Salz eingelegt, etwa 20 g)
100 g schwarze Oliven
1 Dose Tunfisch naturell (150 g Abtropfgewicht)

Für die Salatsauce:
3–4 EL Weißweinessig
Salz
frisch gemahlener Pfeffer
3 EL Olivenöl

Die Bohnen abfädeln, Stielenden abschneiden.

Bohnen in kochendes Salzwasser geben.

Nizza-Salat
4 Portionen
Zubereitungszeit: etwa 45 Minuten

1. Foto 1 Die Bohnen abfädeln, die Stielenden abschneiden. Die Bohnen abspülen.

2. Foto 2 Bohnen in kochendes Salzwasser geben, 8–10 Minuten kochen lassen.

3. Foto 3 Bohnen in ein Sieb geben und mit kaltem Wasser abbrausen. Abtropfen und erkalten lassen.

4. Tomaten waschen, kreuzweise einschneiden, kurz in kochendes Wasser geben. Herausnehmen, mit kaltem Wasser abschrecken und enthäuten. Stängelansätze entfernen, die Tomaten vierteln und entkernen. Die Salatgurke schälen und in Scheiben schneiden.

5. Die Paprika vierteln, entstielen, entkernen, die weißen Scheidewände entfernen, die Schote waschen, in dünne Streifen schneiden. Schalotten oder Zwiebel abziehen, in Ringe schneiden.

6. Eier hart kochen, abschrecken, pellen, sechsteln.

7. Die Sardellenfilets mit kaltem Wasser abspülen, trockentupfen, halbieren und aufrollen. Oliven und Tunfisch in zwei Sieben abtropfen lassen.

8. Die Zutaten portionsweise auf Tellern anrichten.

9. Weißweinessig mit Salz und Pfeffer verrühren, Olivenöl unterschlagen.

10. Foto 4 Die Salatsauce über die angerichteten Salatzutaten träufeln.

3 Bohnen in einem Sieb mit kaltem Wasser abbrausen.

4 Die Salatsauce über die angerichteten Salatzutaten träufeln.

Für die Salatsauce:
2–3 EL Weißweinessig
Salz
frisch gemahlener Pfeffer
6 EL Olivenöl
frische Majoranblättchen oder Majoran gerebelt

1. Für den Salat von der Gurke die Enden abschneiden. Gurke schälen, der Länge nach halbieren, evtl. entkernen und in Scheiben schneiden. Tomaten abspülen, trockentupfen, vierteln und die Stängelansätze herausschneiden. Tomaten in Stücke schneiden.

2. Gemüsezwiebel abziehen und in dünne Scheiben schneiden. Oliven in ein Sieb geben und abtropfen lassen. Schafkäse abtropfen lassen und in dünne Scheiben schneiden. Romana-Salatblätter abspülen und gut abtropfen lassen oder trockenschleudern.

3. Die vorbereiteten Salatzutaten nacheinander auf einer großen Platte anrichten.

4. Für die Sauce Essig mit Salz und Pfeffer verrühren, Olivenöl unterschlagen. Die Sauce auf dem angerichteten Salat verteilen. Majoranblättchen abspülen, trockentupfen und darüber streuen.

Beilage: Frisch aufgebackenes Fladenbrot und Tsatsiki.

Griechischer Bauernsalat
4 Portionen

Zubereitungszeit: etwa 25 Minuten

1 Salatgurke
6 Tomaten
1 kleine Gemüsezwiebel (etwa 200 g)
75 g schwarze Oliven
200 g griechischer Schafkäse
einige Blätter Romana (Römersalat)

Ratgeber
Fisch & Meeresfrüchte

Fisch auf den Tisch
Seefische, Süßwasserfische, Schalen- und Krustentiere – das Angebot aus den Weltmeeren, Flüssen und Seen ist groß. Fisch und Meeresfrüchte bringen nicht nur Abwechslung auf den Tisch, sondern lassen sich leichter und schneller zubereiten als Sie vielleicht denken. Ernährungsphysiologisch ist Fisch reich an Eiweiß und ungesättigten Fettsäuren. Fisch ist wichtiger Lieferant für Vitamin D, B12 und der essenziellen Mineralstoffe Jod und Selen. Beim Fischkauf haben Sie die Wahl zwischen frischem Seefisch, lebenden Flussfischen und tiefgekühltem Fisch.
Am häufigsten im Handel erhältlich sind:

Seefische: Rotbarsch, Schellfisch, Kabeljau, Stein-, Heilbutt, Scholle, Seelachs, Seezunge, Atlantikzunge (Rotzunge), Tunfisch, Lachs, Makrele, Hering, Goldbrasse (Dorade), Wolfsbarsch (Loup de mer), Seeteufel, Rote Meerbarbe, Sardinen, Seehecht, Red Snapper.

Süßwasserfische: Aal, Hecht, Regenbogenforelle, Lachsforelle, Karpfen, Felchen, Zander, Schleie, Wels, Seesaibling, Äsche, Viktoria-Seebarsch, Pangasius, Tilapia.

Da die Weltmeere stark überfischt sind, werden zunehmend Fische in sogenannten Aquakulturen gezüchtet. Wildfänge folgender Arten sind besonders kritisch: Rotbarsch, Schellfisch, Lachs, Kabeljau, Dorsch und Seezunge. Greifen Sie deshalb auf weniger gefährdete Arten wie Seelachs und Makrelen oder auf Fische aus Aquakulturen zurück. Z.B. auch die weniger bekannten Sorten wie Pangasius und Tilapia. Tilapia ist ein Fisch aus der Familie der Buntbarsche. Er hat relativ weiches, süßliches Fleisch. Es kann gebraten, gegrillt oder gedünstet werden. Pangasius ist eine exotische Welsart. Sein Fleisch ist grätenfrei, fest und weiß und hat einen feinen, milden Geschmack.

Frische Fische – richtig kaufen
Ganze Fische:
– klare, pralle Augen mit nach außen gewölbten Linsen
– leuchtend rote Kiemen
– kräftig glänzende Haut, mit klarem Schleim überzogen
– feste Schuppen
– frischer Geruch (bei Seefisch nach Salzwasser oder Seetang)

Zerlegter Fisch:
– glatte, glänzende Fischstücke
– frischer Geruch

Frische Fische – richtig aufbewahren
Bewahren Sie Frischfisch im Kühlschrank auf. Am besten geeignet ist eine Glas- oder Porzellanschüssel, auf deren Boden Sie eine umgedrehte Untertasse legen, damit austretende Flüssigkeit ablaufen kann. Mit Klarsichtfolie abdecken. Den Fisch möglichst noch am selben Tag zubereiten.

TK-Fisch
Fisch wird sofort fangfrisch auf dem Schiff weiterverarbeitet und tiefgefroren, bzw. aus Aquakulturen abgefischt und dann gefroren. Lassen Sie TK-Fisch in der Folie im Kühlschrank über Nacht auftauen und verarbeiten Sie ihn dann weiter. Tiefgefrorener Fisch hält sich bei −18 °C je nach Fettgehalt 2–5 Monate.

Frische Fische – richtig vorbereiten
Frischfisch wird häufig bereits küchenfertig angeboten. Falls Sie sich für ein ganzes, nicht ausgenommenes Exemplar entschieden haben, gehen Sie so vor:

Putzen: Zunächst den Fisch waschen, den Bauch längs aufschlitzen und sauber ausnehmen.

Schuppen: Den Fisch am Schwanzende festhalten. Mit einem flachen, breiten Messer oder einem Fischschupper die Schuppen in Richtung Kopf, am besten unter fließendem Wasser abschaben.

Fisch filetieren/filieren: Den gehäuteten Fisch mit einem scharfen Messer an der Hauptgräte entlang vom Kopf bis zum Schwanz einschneiden. Das Messer flach ansetzen und das obere und untere Filet vorsichtig von den Gräten trennen. Fisch umdrehen und die beiden Filets der Rückseite ebenso ablösen.

Säubern: Ganzen Fisch von innen und außen oder das Fischfilet unter fließendem kalten Wasser abspülen und trockentupfen.

Salzen: Fisch erst unmittelbar vor dem Garen salzen, er zieht sonst Wasser, wird fad und trocken.

Fisch ist gar, wenn:
- sich die Flossen und Gräten leicht herausziehen lassen,
- die Augen heraustreten und trüb gefärbt sind,
- sich die Haut vom Fischfleisch leicht abheben lässt,
- sich beim Druck mit der Gabel das Fischfleisch schuppenförmig löst.

Meeresfrüchte – Genuss aus der Tiefe
Krustentiere: Hummer, Krabben und Garnelen, Krebse, Langusten
Schaltiere: Muscheln und Austern
Kopffüßer: Tintenfische, Kalmare, Octopus

Krusten- und Krebstiere – gepanzerte Leckerbissen
Die Vielzahl der angebotenen Meeresbewohner mit oder ohne Panzer ist groß. Die zunächst vor dem Garen bräunlichen Schalen der Tiere erröten durch das Kochen. Die im Handel erhältlichen Sorten sind zum größten Teil bereits vorgekocht und tiefgefroren.

So kriegen Sie den Dreh raus
Mit ein bisschen Übung schaffen Sie jeden Panzer. Fangen Sie klein an – bei Garnelen und deren Verwandten:
- Die abgekochten Tiere mit einer Hand hinter dem Kopf und mit der anderen Hand am Schwanz anfassen.
- Kopf und Schwanz leicht gegeneinander drücken, drehen und den Kopf abziehen.
- Panzerteil etwas andrücken und das Fleisch herauslösen.
- Bei Riesengarnelen muss zusätzlich der Darm, der etwas unterhalb der Rückenoberseite gelegen ist (als dunkler Faden zu erkennen), entfernt werden. Dazu den Darm entweder mit dem Messer oder einem Holzstäbchen herausziehen oder die Tiere vorsichtig entlang des Rückens aufschneiden und dann den Darmfaden entnehmen. Es werden bereits auch schon entdarmte Garnelen angeboten.

Muscheln und Austern
Es gibt viele Arten von Muscheln, z. B. Jakobs-, Kamm-, Herz-, Venus- und Miesmuscheln und Austern. Die leckeren Weichtiere sind von zwei Schalen umgeben, die an einer Seite scharnierartig zusammengehalten werden. Das zarte eiweißreiche Fleisch ist sehr nahrhaft, kann aber schnell verderben. Deshalb erhalten Sie Muscheln als Frischware überwiegend in der kühlen Jahreszeit. Ansonsten als Tiefkühlware oder Konserve.

Kauf
- Frische Muscheln nur mit fest verschlossener Schale kaufen. Bereits geöffnete Muscheln wegwerfen, sie sind verdorben.
- Frische Muscheln haben einen frischen Meerwassergeruch.

Vor- und Zubereitung
- Muscheln in reichlich kaltem Wasser gründlich waschen und einzeln abbürsten, bis sie nicht mehr sandig sind (Muscheln, die sich beim Waschen öffnen, sind ungenießbar).
- Eventuell die Byssusfäden/Bartbüschel entfernen.
- Die Muscheln in kochende Flüssigkeit geben und mit Deckel unter gelegentlichem Umrühren so lange (etwa 10 Minuten) darin erhitzen (nicht kochen), bis sie sich öffnen (Muscheln, die sich nach dem Garen nicht öffnen, sind ungenießbar).
- Die Muscheln mit einer Schaumkelle aus der Kochflüssigkeit herausnehmen und in einer vorgewärmten Schüssel anrichten.

Kopffüßer – Exoten auf dem Teller
Tintenfische und seine vielarmigen Verwandten können Sie bei guten Fischhändlern frisch, bereits küchenfertig, kaufen. Größtenteils sind Tintenfische tiefgekühlt im Handel. Besonders beliebt ist die in Ringe geschnittene Haut der Tintenfische.

Meeresfrüchte-Mix – praktisch und schnell
Gemischte Meeresfrüchte können Sie frisch oder tiefgekühlt kaufen. Der Mix aus Krusten-, Schaltieren und Tintenfischen eignet sich ideal für Suppen, Salate, Saucen, Nudelgerichte und als Pizzabelag. Geben Sie die tiefgekühlte Mischung vor der Verwendung für 2–3 Minuten in kochendes Salzwasser. Nicht zu lange kochen, sonst werden die Tierchen zäh.

Tilapia-Filet auf mediterranem Gemüse

250 g Cocktailtomaten
3 mittelgroße Zucchini
(etwa 600 g)
1 Dose Artischockenherzen
(Abtropfgewicht 240 g)
2–3 EL Olivenöl
1 Pck. (25 g) TK-Italienische
Kräutermischung
Salz
frisch gemahlener Pfeffer
600 g Tilapia-Filet
1 gestr. TL Chiliflocken

1 Zucchini erst in Streifen, dann in kleine Würfel schneiden.

2 Artischockenherzen in einem Sieb abtropfen lassen und vierteln.

Tilapia-Filet auf mediterranem Gemüse
4 Portionen

Zubereitungszeit: etwa 20 Minuten

1. Tomaten und Zucchini abspülen und abtropfen lassen. Tomaten halbieren. Von den Zucchini die Enden abschneiden.

2. Foto **1** Zucchini erst in Streifen, dann in kleine Würfel schneiden.

3. Foto **2** Artischockenherzen in einem Sieb abtropfen lassen und vierteln.

4. Foto **3** Olivenöl in einer Pfanne erhitzen. Die Zucchini 2 Minuten darin andünsten, Tomaten, Artischocken und die Kräutermischung zugeben, mit Salz und Pfeffer würzen.

5. Foto **4** Tilapia-Filet unter fließendem kalten Wasser abspülen, mit Küchenpapier trockentupfen und in 8 gleich große Stücke schneiden.

6. Foto **5** Tilapia-Filet-Stücke nebeneinander auf das Gemüse legen und mit Salz und Chili bestreuen. Die Pfanne mit einem Deckel verschließen.

7. Tilapia-Filet-Stücke und Gemüse etwa 8 Minuten dünsten.

8. Foto **6** Die Tilapia-Filet-Stücke vorsichtig herausheben, das Gemüse abschmecken. Den Fisch auf dem mediterranen Gemüse servieren.

Tipp: Servieren Sie dazu Pesto Rosso aus dem Glas und Reis.

3. Die Zucchini 2 Minuten in Olivenöl andünsten, Tomaten, Artischocken und die Kräutermischung zugeben, mit Salz und Pfeffer würzen.

4. Tilapia-Filet in 8 gleich große Stücke schneiden.

5. Tilapia-Filet-Stücke nebeneinander auf das Gemüse legen und mit Salz und Chili bestreuen.

6. Die Tilapia-Filet-Stücke vorsichtig herausheben.

Gedünstete Fischmedaillons auf Gemüsenudeln

4 Portionen

Zubereitungszeit: 50 Minuten, ohne Auftauzeit

300 g TK-Zanderfilet
300 g TK-Lachsforellenfilet
1 Bund Suppengrün (etwa 500 g, Möhre, Porree, Sellerie)
½ Bund Basilikum
½ Bund Schnittlauchröllchen
½ Bund klein geschnittener Dill
½ Bund gehackte Petersilie
Salz
300 g Spaghetti
frisch gemahlener Pfeffer
etwa 100 ml Weißwein
2 EL Olivenöl

100 g Butter
2 EL körniger Senf

1. Fisch nach Packungsanleitung auftauen lassen.

2. Suppengrün putzen, schälen, abspülen und in lange Streifen schneiden. Etwa 1 Liter Salzwasser zum Kochen bringen, Gemüse darin 5 Minuten blanchieren, in ein Sieb geben, den Fond auffangen. Das Gemüse mit kaltem Wasser abschrecken und abtropfen lassen.

3. Kräuter abspülen und trockentupfen. Basilikumblättchen abzupfen und zum Garnieren beiseitelegen. Schnittlauch in Röllchen schneiden. Dill und Petersilienblättchen abzupfen und hacken, mit Schnittlauch mischen.

4. Salzwasser in einem großen Topf zum Kochen bringen, Nudeln darin nach Packungsanleitung bissfest kochen, in ein Sieb geben und abtropfen lassen.

5. Aufgetaute Fischfilets kalt abspülen, trockentupfen, in Stücke zu je etwa 75 g schneiden. Den aufgefangenen Gemüsefond mit Pfeffer und Weißwein würzen, erhitzen und die Fischstücke darin etwa 8 Minuten bei schwacher Hitze gar ziehen lassen.

6. Olivenöl in einer Pfanne erhitzen, Gemüse darin anschwitzen, mit Salz und Pfeffer würzen und mit den Nudeln mischen.

7. Butter zerlassen. Senf und die gemischten Kräuter unterrühren und erhitzen.

8. Fischstücke auf den Gemüsenudeln anrichten und mit Basilikumblättchen garnieren. Senfbutter dazu servieren.

Fisch in der Hülle

4 Zanderfilets oder Viktoriabarschfilets, ohne Haut
(je etwa 160 g)
1 Bund Suppengrün (Möhre,
Sellerie, Porree [Lauch])
1 kleine Fenchelknolle
1 Zwiebel
1 Knoblauchzehe
je 1 Stängel Petersilie,
Basilikum und Dill

1 Bio-Zitrone (unbehandelt,
ungewachst)
Salz
frisch gemahlener Pfeffer
4 EL Butter

1 Abgespültes Fischfilet mit Küchenpapier trockentupfen.

2 Suppengrün in feine Streifen schneiden.

Fisch in der Hülle

4 Portionen – 4 Bögen (je 28 x 40 cm) festes Butterbrotpapier, 1,2 m Paketschnur (kein Plastik), 1 Backblech (30 x 40 cm)

Zubereitungszeit: etwa 40 Minuten

1. Zander- oder Viktoriabarschfilets unter fließendem kalten Wasser abspülen und Foto **1** mit Küchenpapier trockentupfen.

2. Suppengrün putzen, schälen, abspülen, abtropfen lassen und Foto **2** in feine Streifen schneiden.

3. Von der Fenchelknolle die Stiele dicht oberhalb der Knollen abschneiden. Braune Stellen und Blätter entfernen (Fenchelgrün beiseitelegen). Fenchelknolle waschen, abtropfen lassen und Foto **3** in dünne Scheiben schneiden.

4. Zwiebel und Knoblauch abziehen, in kleine Würfel schneiden. Petersilie, Basilikum, Dill und beiseite gelegtes Fenchelgrün abspülen und trockentupfen. Die Blättchen von den Stängeln zupfen. Zitrone heiß abspülen, trockenreiben und 4 gleich große Scheiben davon abschneiden. Zander- oder Viktoriabarschfilets mit Salz und Pfeffer bestreuen.

5. Den Backofen auf 220 °C vorheizen (Heißluft 200 °C).

6. Die Paketschnur in jeweils 15 cm lange Stücke schneiden.

7. Vorbereitetes Gemüse und die vorbereiteten Kräuter gleichmäßig auf die Mitte der Papierbögen legen. Foto **4** Zander- oder Viktoriabarschfilets darauf verteilen.

8. Foto **5** Mit je 1 Zitronenscheibe belegen und je 1 Esslöffel Butter daraufsetzen.

9. Foto **6** Die beiden langen Seiten der Papierbögen jeweils oben zueinander führen und wie eine Ziehharmonika bis zur Butter runter zusammenfalten. Die Enden wie bei einem Bonbon zusammendrehen und mit der Paketschnur zubinden. Die Fischpäckchen auf ein Backblech legen. Das Backblech in den Backofen schieben.

Ober-/Unterhitze: etwa 220 °C (vorgeheizt)
Heißluft: etwa 200 °C (vorgeheizt)
Garzeit: 15–20 Minuten.

10. Das Backblech auf einen Rost stellen. Die Fischpäckchen etwa 5 Minuten ruhen lassen, dann auf Tellern verteilen. Päckchen öffnen und sofort servieren.

3. Fenchelknolle in dünne Scheiben schneiden.

4. Fischfilets auf das Gemüse legen.

5. Mit je einer Zitronenscheibe belegen und je 1 Esslöffel Butter darauf setzen.

6. Die beiden langen Seiten der Papierbögen jeweils oben zueinander führen und wie eine Ziehharmonika bis zur Butter runter zusammenfalten.

Tomatenfisch auf Gurkengemüse
4 Portionen – Bratfolienschlauch (etwa 60 cm)

Zubereitungszeit: etwa 45 Minuten

4 Stücke Pangasius-Filet (je etwa 150 g)
1 Zwiebel
1 Knoblauchzehe
3 Salatgurken (1,2 kg)
2 große Tomaten
2 EL Speiseöl
Salz
frisch gemahlener Pfeffer
4 EL geriebener Parmesan-Käse

1. Pangasius-Filets unter fließendem kalten Wasser abspülen, trockentupfen.

2. Zwiebel und Knoblauch abziehen und in kleine Würfel schneiden. Gurken schälen, längs halbieren, entkernen und in Scheiben schneiden. Tomaten abspülen, abtrocknen, die Stängelansätze herausschneiden. Tomaten in Scheiben schneiden.

3. Speiseöl in einem Topf erhitzen. Zwiebel- und Knoblauchwürfel unter mehrmaligem Wenden darin andünsten. Gurken hinzufügen, mit Salz und Pfeffer würzen.

4. Den Backofen auf 200 °C (Heißluft 180 °C) vorheizen.

5. Bratfolienschlauch an einer Seite verschließen (Packungsanleitung beachten). Auf ein Backblech legen. Gemüse in den Bratfolienschlauch legen. Pangasius-Filets auf das Gemüse legen. Mit Tomatenscheiben bedecken und mit Käse bestreuen. Zweite Seite des Bratfolienschlauchs fest verschließen und nach Packungsanleitung einschneiden. Das Backblech in den Backofen schieben.

Ober-/Unterhitze: etwa 200 °C (vorgeheizt)
Heißluft: etwa 180 °C (vorgeheizt)
Garzeit: etwa 15 Minuten.

6. Bratfolienschlauch vorsichtig aufschneiden. Tomatenfisch mit dem Gurkengemüse auf Tellern anrichten.

Beilage: Frisches Stangenweißbrot oder Reis.

Tipp: Beim Garen im Bratfolienschlauch können Sie fast ganz auf Fett verzichten, trotzdem gart alles herrlich aromatisch und saftig.

Gegrillte Riesengarnelen mit Cocktailsauce

etwa 24 Riesengarnelen
Salz

Für die Cocktailsauce:
150 g Salatmayonnaise
150 g Vollmilchjoghurt, natur
1 TL Zitronensaft
1–2 EL Tomatenketchup
1–2 EL Weinbrand
Salz
Cayennepfeffer
Zucker
etwas Speiseöl

Mayonnaise, Joghurt, Zitronensaft, Ketchup und Weinbrand gut verrühren.

Garnelen mit Speiseöl bestreichen.

Gegrillte Riesengarnelen mit Cocktailsauce
4–6 Portionen

Zubereitungszeit: 25 Minuten, ohne Auftauzeit

1. Garnelen nach Packungsanleitung auftauen lassen. Garnelen unter fließendem kalten Wasser abspülen und trockentupfen.

2. Foto 1 Für die Sauce Mayonnaise, Joghurt, Zitronensaft, Ketchup und Weinbrand gut verrühren. Mit Salz, Cayennepfeffer und Zucker abschmecken.

3. Eine Grillpfanne erhitzen.

4. Foto 2 Garnelen mit Speiseöl bestreichen, in die Pfanne legen und kurz bei starker Hitze angrillen.

5. Foto 3 Garnelen wenden und bei mittlerer Hitze etwa 5 Minuten weitergrillen, dabei evtl. nochmals umdrehen. Garnelen herausnehmen.

6. Foto 4 Garnelen schälen oder nach Belieben ungeschält mit der Cocktailsauce servieren.

Beilage: Grüner Salat und ofenfrisches Baguette.

Tipp: Bereiten Sie anstelle der Cocktailsauce eine **Zitronen-Knoblauch-Butter** zu. Dafür 75 g Butter zerlassen. Zwei Knoblauchzehen abziehen, durch eine Knoblauchpresse drücken und mit der Butter in einer Schüssel verrühren. 2 Esslöffel Zitronensaft und 1 Teelöffel Dr. Oetker Finesse Geriebene Zitronenschale unterrühren. Die Butter mit etwas Salz und frisch gemahlenem Pfeffer abschmecken und heiß zu den Garnelen servieren.

3 Garnelen wenden und bei mittlerer Hitze etwa 5 Minuten weitergrillen.

4 Gegarte Garnelen schälen.

Abwandlung Tintenfischringe

5 Tintenfischtuben in 2 cm breite Ringe schneiden.

Tintenfischringe aus der Grillpfanne
4 Portionen

Zubereitungszeit: etwa 20 Minuten

1 Pck. (400 g) TK-Tintenfischtuben
2 Knoblauchzehen
10 schwarze Oliven ohne Stein
2 EL Zitronensaft
1 Pck. TK-Italienische Kräuter
3 EL Sojasauce
2 EL Olivenöl
Salz
frisch gemahlener Pfeffer
2 EL Chilisauce

1. Tintenfischtuben aus der Packung nehmen, nach Packungsanleitung auftauen lassen.

2. Knoblauch abziehen, durch die Presse drücken, Oliven achteln, mit Zitronensaft und Kräutern mischen.

3. Tintenfischtuben unter fließendem kalten Wasser abspülen.

4. Tintenfischtuben trockentupfen und Foto 5 in 2 cm breite Ringe schneiden.

5. Tintenfischringe in eine Schüssel geben, mit Sojasauce mischen und 30 Minuten durchziehen lassen.

6. Tintenfischringe in einem Sieb abtropfen lassen. Grillpfanne erhitzen, die Rippen der Pfanne mit Olivenöl bestreichen. Die Tintenfischringe darin bei starker Hitze unter Rühren 3–5 Minuten braten.

7. Tintenfischringe zu der Kräuter-Oliven-Mischung geben, mit Salz, Pfeffer und Chilisauce abschmecken.

Tipp: Servieren Sie dazu Fladenbrot oder Baguette.

Viktoriabarsch in Möhren-Nuss-Kruste

4 Viktoriabarschfilets
(je etwa 150 g)
Salz
frisch gemahlener Pfeffer
1 Möhre (etwa 100 g)
8 Stängel Koriander
50 g Semmelbrösel
100 g gemahlene
Haselnusskerne
2 Eier (Größe M)
2–3 EL Speiseöl

Möhre mit einem Sparschäler schälen.

Möhre auf einer Haushaltsreibe fein raspeln.

Viktoriabarsch in Möhren-Nuss-Kruste

4 Portionen – eine Auflaufform, Butter oder Margarine zum Einfetten

Zubereitungszeit: etwa 40 Minuten

1. Den Backofen auf 180 °C (Heißluft 160 °C) vorheizen.

2. Viktoriabarschfilets unter fließendem kalten Wasser abspülen, trockentupfen, mit Salz und Pfeffer bestreuen, in eine flache, gefettete Auflaufform legen.

3. Foto 1 Möhre putzen, schälen, abspülen, trockentupfen.

4. Foto 2 Möhre auf einer Haushaltsreibe fein raspeln. Koriander abspülen, trockentupfen, von 4 Stängeln die Blätter abzupfen und hacken.

5. Foto 3 Geraspelte Möhre mit Semmelbröseln, Haselnusskernen, Eiern und Speiseöl verrühren. Mit Salz und Pfeffer würzen. Gehackten Koriander unterrühren.

6. Foto 4 Die Möhren-Nuss-Masse auf den Viktoriabarschfilets verteilen. Die Form auf dem Rost in den Backofen schieben.

Ober-/Unterhitze: etwa 180 °C (vorgeheizt)
Heißluft: etwa 160 °C (vorgeheizt)
Garzeit: 12–15 Minuten je nach Dicke der Filets.

7. Fischfilets mit restlichem Koriander garnieren.

Beilage: Gemischter Salat mit Joghurt-Dressing und Kartoffelpüree.
Zubereitung des **Joghurt-Dressings**: 1 Becher (125 g) Joghurt, natur mit Salz und Pfeffer sowie etwas Zitronensaft und Olivenöl würzen und über den Salat geben.

3. Geraspelte Möhre mit Semmelbröseln, gemahlenen Haselnusskernen, Eiern und Speiseöl verrühren.

4. Möhren-Nuss-Masse auf den Filets verteilen.

Ober-/Unterhitze: etwa 200 °C (vorgeheizt)
Heißluft: etwa 180 °C (vorgeheizt)
Garzeit: etwa 20 Minuten.

6. Mit Zitronenspalten und Dill garnieren.

Linsen-Fisch-Auflauf
4 Portionen

Zubereitungszeit: etwa 55 Minuten

1 Zwiebel
2 EL Speiseöl
1 Dose Linsen mit Suppengrün (Einwaage 800 g)
Salz
4 Scheiben Weizen-Toastbrot (je 25 g)
je 3 Stängel Dill und Petersilie
30 g Butter
1 Pck. Dr. Oetker Finesse Geriebene Zitronenschale
1 Pck. (100 g) Schinkenwürfel aus der Kühltheke
600 g Lengfisch-Filet
frisch gemahlener Pfeffer

Zum Garnieren:
einige Zitronenspalten, einige Dillzweige

1. Zwiebel abziehen, in Würfel schneiden. Speiseöl in einem flachen Topf erhitzen. Zwiebelwürfel darin andünsten. Linsen mit der Flüssigkeit hinzufügen, unterrühren und erhitzen, mit Salz würzen.

2. Den Backofen auf 200 °C (Heißluft 180 °C) vorheizen.

3. Toastbrot entrinden und zerbröseln. Kräuter abspülen, trockentupfen, die Blätter abzupfen und fein hacken. Butter zerlassen. Die Brotbrösel, Zitronenschale, Schinkenwürfel und Kräuter unterrühren.

4. Fischfilet unter fließendem kalten Wasser abspülen, trockentupfen und in 4 gleich große Stücke schneiden, mit Salz und Pfeffer bestreuen.

5. Die Linsen in eine flache Auflaufform geben. Die Lengfisch-Filetstücke daraufgeben. Die Brot-Speck-Mischung darauf verteilen. Die Form auf dem Rost in den Backofen schieben.

Atlantikzungenfilet mit Spinat und Orange

8 TK-Atlantikzungenfilets oder Rotzungenfilets (je etwa 80 g)
300 g TK-Blattspinat
1 Zwiebel (etwa 60 g)
1 Bio-Orange (unbehandelt, ungewachst)
5 EL Olivenöl zum Anbraten
Salz
frisch gemahlener Pfeffer
geriebene Muskatnuss
100 g Schlagsahne
1–2 EL Weizenmehl

Fischfilets unter fließendem kalten Wasser abspülen und mit Küchenpapier trockentupfen.

Die Schale der Orange mit einem Zestenreißer in dünnen Streifen abziehen, den Saft dabei auffangen.

Orange über einer Schüssel filetieren.

Atlantikzungenfilet mit Spinat und Orange
4 Portionen

Zubereitungszeit: etwa 40 Minuten, ohne Auftauzeit

1. Fischfilets und Blattspinat nach Packungsanleitung auftauen lassen.
2. Foto 1 Fischfilets unter fließendem kalten Wasser abspülen und mit Küchenpapier trockentupfen. Den Blattspinat in einem Sieb abtropfen lassen und anschließend ausdrücken.
3. Zwiebel abziehen, fein würfeln.
4. Orange gründlich waschen, abtrocknen und Foto 2 die Schale mit einem Zestenreißer in dünnen Streifen abziehen. Abgeriebene Orange so schälen, dass die weiße Haut vollständig entfernt wird.
5. Foto 3 Orange über einer Schüssel filetieren, den Saft dabei auffangen. Orangenfilets und den Saft beiseitestellen.
6. 2 Esslöffel Olivenöl erhitzen. Zwiebelwürfel darin andünsten, Blattspinat hinzufügen, mit Salz, Pfeffer und Muskat würzen, 5 Minuten dünsten. Orangenschale darauf streuen. Sahne über den Blattspinat gießen, erhitzen.
7. Foto 4 Fischfilets mit Salz und Pfeffer bestreuen und in Mehl wenden. Überschüssiges Mehl abschütteln.
8. Restliches Olivenöl in einer großen Pfanne erhitzen. Fischfiletstücke evtl. in 2 Portionen darin etwa 3 Minuten von jeder Seite braten. Foto 5 Die Fischstücke mit einem Pfannenwender wenden.
9. Den Spinat auf Tellern anrichten. Jeweils 2 Fischfiletstücke darauf legen.
10. Bratensaft mit 6 Esslöffeln Orangensaft ablöschen, über den Fisch geben. Mit den beiseite gelegten Orangenfilets garniert servieren.

Beilage: Salzkartoffeln.

Tipp: Statt Atlantikzungenfilets können auch Tilapia-, Pangasius- oder Seelachsfilets verwendet werden. Wem das Filetieren der Orange zu aufwändig ist, kann das Fruchtfleisch nach dem Schälen auch in Würfel schneiden.

4 Fischfilets mit Salz und Pfeffer bestreuen und in Mehl (auf einem Teller) wenden.

5 Die Fischstücke mit einem Pfannenwender wenden.

Gebratenes Seelachsfilet
4 Portionen

Zubereitungszeit: etwa 20 Minuten

4 Seelachsfilets (je etwa 150 g)
etwas Salz
frisch gemahlener, weißer Pfeffer
40 g Weizenmehl
100 g Semmelbrösel
1 Ei (Größe M)
2 EL kaltes Wasser
75 g Butterschmalz oder 5 EL Speiseöl

Zum Garnieren:
einige Bio-Zitronenscheiben (unbehandelt, ungewachst)
Dillspitzen

1. Seelachsfilets unter fließendem kalten Wasser abspülen und trockentupfen. Filets mit Salz und Pfeffer bestreuen. Mehl und Semmelbrösel in zwei tiefe Teller geben.

2. Ei mit Wasser in einer Schüssel verschlagen. Die Fischfilets zuerst in Mehl wenden, dann durch das verschlagene Ei ziehen, am Schüsselrand etwas abstreifen und zuletzt in Semmelbröseln wenden. Panade etwas andrücken.

3. Butterschmalz oder Speiseöl in einer großen, beschichteten Pfanne zerlassen. Fischfilets darin von jeder Seite 3–4 Minuten goldbraun braten, herausnehmen und nach Belieben auf Küchenpapier abtropfen lassen.

4. Die Fischfilets mit Zitronenscheiben und Dillspitzen garniert servieren.

Beilage: Kartoffelsalat.

Meeresfrüchte mit Gemüse aus dem Wok

2 Pck. TK-Meeresfrüchte-
Mischung, gekocht (je 275 g)
2 Zwiebeln
3 Knoblauchzehen
1 gelbe Zucchini (250 g)
½ Bund Staudensellerie
½ Bund Frühlingszwiebeln
4 Cocktailtomaten
4 EL Speiseöl
100 g Glasnudeln
Salz
frisch gemahlener Pfeffer

4 EL Fischsauce
(erhältlich im Asialaden)
2 EL helle Sojasauce
2 TL Zucker

Sellerie putzen und die harten Außenfäden abziehen.

Aufgetaute Meeresfrüchte in einem Sieb abspülen und abtropfen lassen.

Meeresfrüchte mit Gemüse aus dem Wok
4 Portionen – Wok oder große Pfanne

Zubereitungszeit: etwa 40 Minuten, ohne Auftauzeit

1. Meeresfrüchte-Mischung nach Packungsanleitung auftauen.

2. Zwiebeln und Knoblauch abziehen, in kleine Würfel schneiden. Zucchini abspülen, abtrocknen und die Enden abschneiden. Zucchini der Länge nach halbieren und in dünne Scheiben schneiden.

3. Foto 1 Sellerie putzen und die harten Außenfäden abziehen. Frühlingszwiebeln ebenfalls putzen. Sellerie und Frühlingszwiebeln abspülen, abtropfen lassen und in dünne Scheiben schneiden. Tomaten abspülen, trockentupfen, halbieren und evtl. die Stängelansätze entfernen.

4. Speiseöl in einem Wok oder einer großen, beschichteten Pfanne erhitzen. Zwiebel-, Staudensellerie- und Zucchinischeiben darin bei starker Hitze anbraten. Knoblauchwürfel, Tomatenhälften und Frühlingszwiebelscheiben hinzufügen und kurz mit anbraten.

5. Glasnudeln in lauwarmem Wasser nach Packungsanleitung einweichen.

6. Foto 2 Aufgetaute Meeresfrüchte unter fließendem kalten Wasser abspülen und abtropfen lassen.

7. Foto 3 Meeresfrüchte zum angebratenen Gemüse geben, unterrühren und 3–5 Minuten mitdünsten lassen. Die Gemüsepfanne mit Salz, Pfeffer, Fisch-, Sojasauce und Zucker abschmecken.

8. Foto 4 Glasnudeln in einem Sieb abtropfen lassen, mit einer Küchenschere 2–3-mal durchschneiden und unter die Meeresfrüchte-Gemüse-Pfanne heben. Sofort servieren.

Beilage: Reis und Salat.

Tipp: Zusätzlich etwas frischen, klein geschnittenen Koriander, kurz blanchierte Porreestreifen (Lauchstreifen) oder Zuckerschoten unter die Meeresfrüchte-Gemüse-Pfanne heben.

Meeresfrüchte zum angebratenen Gemüse geben, unterrühren und 3–5 Minuten mitdünsten lassen.

Glasnudeln in einem Sieb abtropfen lassen, mit einer Küchenschere 2–3-mal durchschneiden.

Beilage: Dazu schmecken in Butter geschwenkte Bandnudeln oder Fladenbrot.

Tipp: Dieses Gericht schmeckt auch mit Blattspinat sehr gut.

Lachs-Mangold-Pfanne mit Tomaten
4 Portionen

Zubereitungszeit: etwa 25 Minuten, ohne Auftauzeit

2 Pck. TK- Lachsfilet (je 300 g)
8 TK-Garnelenschwänze, gekocht, geschält (etwa 120 g)
2 EL geschälte Sesamsamen
1 Staude Mangold (etwa 750 g)
2 Zwiebeln (etwa 100 g)
3 EL Speiseöl
Salz
frisch gemahlener Pfeffer
Paprikapulver edelsüß
200 g kleine Cocktailtomaten

1. Lachsfilets und Garnelen nach Packunsgsanleitung auftauen lassen, abspülen, trockentupfen. Jedes Filet in je 3 Stücke schneiden.

2. Sesam in einer beschichteten Pfanne ohne Fett goldbraun rösten. Auf einem Teller erkalten lassen.

3. Mangold putzen, halbieren, den Strunk herausschneiden. Blätter abspülen, abtropfen lassen und in 2 cm breite Streifen schneiden. Zwiebeln abziehen, würfeln.

4. Öl in einer Pfanne erhitzen, Lachsstücke darin anbraten, mit den Gewürzen bestreuen, aus der Pfanne nehmen. Mangoldstreifen und Zwiebelwürfel in die Pfanne geben, mit andünsten und würzen. Gemüse zugedeckt etwa 10 Minuten dünsten, evtl. etwas Wasser hinzufügen.

5. Cocktailtomaten abspülen und halbieren. Tomaten mit den Garnelen und den Lachsstücken etwa 5 Minuten vor Beendigung der Garzeit auf den Mangold legen, zugedeckt fertig garen. Evtl. nochmals mit den Gewürzen abschmecken. Nach dem Garen mit geröstetem Sesam bestreuen.

Ratgeber
Fleisch

Fleisch – ein Stück Lebenskraft
Qualität ist die beste Entscheidung. Fleisch enthält viel Eiweiß, das reich an unentbehrlichen Aminosäuren ist und besitzt damit eine höhere biologische Wertigkeit als pflanzliches Eiweiß. Neben wasserlöslichen Vitaminen, Mineralstoffen wie Zink und Eisen, sowie Spurenelementen liefert Fleisch die wichtigen Vitamine der B-Gruppe. Der Gehalt an Nährstoffen schwankt je nach Fleischart, -stück oder Fleischerzeugnis. Sie erkennen hochwertiges Fleisch an der Farbe, dem Geruch, Geschmack und Struktur. Welches Fleischstück eignet sich für welche Garverfahren und welchen Verwendungszweck? Hier finden Sie die Antworten.

Geflügel – leicht und lecker
Geflügel ist im Vergleich zu anderen Fleischsorten relativ eiweißreich und fettarm. Das Fleisch ist besonders hell und zart. Die bekanntesten Geflügelsorten sind Huhn (z. B. Suppenhuhn, Hähnchen), Ente, Gans und Pute (Truthahn). Alle Sorten gibt es in verschieden Alters- und Gewichtsklassen oder auch in Teilen wie Flügel, Schenkel oder Brust zu kaufen.
Bei der Verarbeitung ist ganz besonders auf Sauberkeit zu achten, da Geflügel mit Salmonellen belastet sein kann. Geflügel deshalb immer gut kühlen. Auftauwasser von aufgetautem Fleisch (immer im Kühlschrank auftauen lassen) sofort weggießen. Zubereitungsgegenstände wie Messer oder Schneidbrett und ebenso die Hände sofort nach der Verarbeitung des Fleisches gründlich reinigen. Geflügelfleisch sollte deshalb auch immer gut durchgegart sein.

Lammfleisch – der etwas andere Geschmack
Lammfleisch bringt geschmackliche Abwechselung, liefert wertvolle Inhaltsstoffe, wie Vitamine der B-Gruppe, und hat nur sehr wenig Fett. Milchlämmer werden im Alter von 3 bis 6 Monaten geschlachtet. Mastlämmer sind mit max. 12 Monaten schlachtreif und haben bereits auf Wiesen gegrast. Nur Tiere, die jünger als 12 Monate sind, dürfen als Lamm angeboten werden. Das Fleisch ist nach 1 Woche gut abgehangen und lässt sich variantenreich mit würzigen Kräutern zubereiten.

Rindfleisch - dunkel und deftig
Die Qualität des Rindfleischs hängt vom Alter, dem Gewicht und natürlich von der Aufzucht der Schlachttiere ab. In der Regel kommt nur das Fleisch junger Tiere in den Handel. Und es muss gut im Kühlhaus abgehangen sein, damit es sein typisches Aroma bekommt, mürbe und zart wird. Abgepackte Ware ist schwerer zu beurteilen als unverpackte. An der Fleischtheke beim Schlachter werden Sie aber gut beraten.

Kalbfleisch – der zarte Genuss
Kalbfleisch stammt in der Regel von jungen Rindern, die 5 bis 6 Monate alt sind. Im Vergleich zum Rindfleisch hat Kalbfleisch einen milderen Geschmack und ist so zart, dass es nur wenige Tage abhängen muss. Es ist besonders kalorienarm, enthält viel Eisen und ist leicht verdaulich. An der Fleischtheke beim Schlachter werden Sie aber gut beraten.

Perfekte Steaks – Garzeiten für 2 cm dicke Steaks

Roh (raw): dünne braune Kruste, innen blutig.
1 Minute von jeder Seite bei starker Hitze.

Blutig (rare): braune Kruste, innen rosa, blutiger Kern.
2 Minuten von jeder Seite bei starker Hitze.

Rosa (medium): außen braun, innen rosa. 1 Minute von jeder Seite bei starker Hitze, danach 3 Minuten von jeder Seite bei mittlerer Hitze.

Durchgebraten (well done): innen völlig grau.
1 Minute von jeder Seite bei starker Hitze, wenden, weitere 5 Minuten von jeder Seite.

Blutig (rare)

Rosa (medium)

Durchgebraten (well done)

Schweinefleisch – würzig und vielfältig

Schweinefleisch enthält neben den Vitaminen A, D, E und B2 vor allem das Vitamin B1. Im Handel wird überwiegend Fleisch von Tieren angeboten, die 7 bis 8 Monate alt und noch nicht geschlechtsreif sind. Bereits nach 2 Tagen ist das Fleisch ausgereift und schmeckt würzig und pikant.

Wild – die Natur schmecken

Das Angebot an frischem Wild ist nicht unbedingt an die jeweilige Jagdzeit gebunden. Es wird bereits von Züchtern angeboten oder als Tiefkühlware. Wildkaninchen lassen sich, wie Hauskaninchen auch, nach Hasenrezepten zubereiten. Das Fleisch dieser Tiere ist weiß und mürbe. Es eignet sich bestens zum Braten, aber auch für Schmorgerichte. Hasen dagegen haben dunkles, würziges Fleisch. Junge Tiere eignen sich gut zum Braten, ältere Tiere besser zum Schmoren. Rehfleisch ist besonders zart, fettarm und wohlschmeckend. Für Braten eignet sich am besten Fleisch vom Rehrücken oder der Rehkeule, die mit Fett gespickt wird. Hirschfleisch wird nach gleichen Rezepten wie Reh zubereitet. Das Fleisch ist sehr fettarm und wird daher auch leicht trocken. Vom Wildschwein lassen sich herrlich saftige Braten, Steaks und Ragouts zubereiten.

Hackfleisch – beliebt bei Groß und Klein

Hackfleisch kann aus allen Fleischarten hergestellt werden. Kaufen können Sie aber nur Hackfleisch von Rind, Schwein und Lamm, nicht von Wild- oder Geflügelfleisch. Da es leicht verdirbt, unterliegt es strengen Regeln. Ob gekauft oder per Fleischwolf selbst hergestellt: Sie sollten es sofort oder innerhalb eines Tages zubereiten. Hackfleisch schmeckt immer: gekocht, gebraten, überbacken, gegrillt, als Füllung verarbeitet oder als Frikadelle.

Schabefleisch: auch bekannt als Beefsteakhack oder Tatar. Aus magerem, schieren Muskelfleisch vom Rind hergestellt. Nur 6 % Fettgehalt.

Rinderhack: besteht aus grob entsehntem Rindfleisch mit maximal 20 % Fettanteil.

Schweinehack: entsteht aus grob entfettetem, zerkleinerten Schweinefleisch. Der Fettanteil beträgt maximal 35 %.

Mett: bereits gewürztes Schweingehacktes, z. B. Thüringer Mett

Hackfleisch halb und halb: oder gemischtes Hackfleisch besteht je zur Hälfte aus Rind- und Schweinefleisch mit einen Fettanteil bis maximal 30 %.

Kalbsbrät: wird aus sehnen- und fettarmem Fleisch von Jungrindern, grob entsehntem Kalbfleisch, Schweinefleisch und Speck hergestellt.

Frikadellen und Co – so gelingen sie perfekt

Lockere Konsistenz: Hackfleischgerichte müssen schön locker sein. Mengen Sie der Hackfleischmasse deshalb pro 500 g Gehacktes entweder 1 eingeweichtes, ausgedrücktes Brötchen oder 1–2 Scheiben eingeweichtes, ausgedrücktes Toastbrot, 1 große durchgepresste Pellkartoffel, 1–2 Esslöffel gegarten Reis, einige Esslöffel Quark oder 2 Esslöffel eingeweichte, abgetropfte Getreideflocken (z. B. Haferflocken) unter.
In Form bringen: Hackfleisch lässt sich vielfältig formen. Leichter gelingt Ihnen das Formen von Hackbraten, Hacksteaks, Frikadellen, Cevapcici oder Hackbällchen, wenn Sie Ihre Hände vorher mit Wasser anfeuchten. Eine bessere Bindung bekommt die Hackfleischmasse, wenn Sie pro 500 g 1 Eiweiß (für eine feste Bindung) oder 1 Ei (für eine etwas lockerere Bindung) untermengen.

Steaks mit grüner Pfeffersauce

300 g Rinderfilet
Salz
frisch gemahlener Pfeffer
1 EL eingelegter,
grüner Pfeffer (in Lake)
3 EL Speiseöl
2 EL Weinbrand
1 Becher (150 g)
Crème fraîche

Grünen Pfeffer in einem kleinen Sieb unter fließendem Wasser abspülen.

Die Fleischscheiben von jeder Seite etwa 3 Minuten braten.

Steaks aus der Pfanne nehmen und auf einen vorgewärmten tiefen Teller legen.

Steaks mit grüner Pfeffersauce
2 Portionen

Zubereitungszeit: etwa 15 Minuten

1. Rinderfilet unter fließendem kalten Wasser abspülen, trockentupfen und in 2 gleich große Scheiben schneiden. Filetscheiben leicht flach drücken, mit Salz und Pfeffer bestreuen.

2. Foto 1 Grünen Pfeffer in einem kleinen Sieb unter fließendem kaltem Wasser abspülen.

3. Speiseöl in einer Pfanne erhitzen. Die Fleischscheiben hinzufügen und Foto 2 von jeder Seite etwa 3 Minuten braten.

4. Foto 3 Die Steaks aus der Pfanne nehmen, auf einen vorgewärmten tiefen Teller legen, mit einem zweiten vorgewärmten Teller abdecken und warm stellen.

5. Foto 4 Den Bratensatz mit Weinbrand ablöschen.

6. Foto 5 Crème fraîche unterrühren. Die Sauce mit Salz und Pfeffer abschmecken. Grünen Pfeffer hinzufügen. Die Sauce erhitzen und auf den Steaks verteilen.

Tipp: Dazu passt gemischter Blattsalat und geröstete Baguettescheiben.

4	5
Bratensatz mit Weinbrand ablöschen.	Crème fraîche unterrühren. Grünen Pfeffer hinzufügen.

Rumpsteaks mit Zwiebeln
4 Portionen

Zubereitungszeit: etwa 20 Minuten

2 Gemüsezwiebeln (je 200 g)
4 Rumpsteaks (je etwa 200 g)
3–4 EL Speiseöl
Salz
frisch gemahlener Pfeffer
nach Belieben etwas Steak-Gewürz

1. Zwiebeln abziehen, evtl. halbieren und in Scheiben schneiden. Rumpsteaks kurz unter fließendem kalten Wasser abspülen, trockentupfen und an den Rändern etwas einschneiden.

2. Speiseöl in einer Pfanne erhitzen. Rumpsteaks hinzufügen und kurz von beiden Seiten anbraten. Die Steaks mit Salz, Pfeffer und evtl. Steak-Gewürz bestreuen und von jeder Seite 3–4 Minuten braten. Die Rumpsteaks dabei häufiger mit dem Bratfett aus der Pfanne begießen, damit sie saftig bleiben.

3. Die Steaks aus der Pfanne nehmen, auf einen vorgewärmten tiefen Teller legen, mit einem zweiten Teller abdecken und warmstellen.

4. Die Zwiebelscheiben mit Salz und Pfeffer würzen und in dem verbliebenen Bratfett unter mehrmaligem Wenden einige Minuten bräunen lassen. Zwiebelscheiben auf den Rumpsteaks verteilen und sofort servieren.

Tipp: Das Fleisch sollte nach dem Braten immer noch etwas ruhen, damit sich der Fleischsaft verteilt und das Steak saftig bleibt.
Das 3-Minuten-Steak („medium") ist besonders beliebt. Es ist nicht mehr roh („rare", 1–2 Minuten), aber auch noch nicht ganz durchgebraten („welldone", 5 Minuten).
Die Rumpsteaks zu Bratkartoffeln mit Rosmarin und Salat servieren.

Züricher Geschnetzeltes

2 mittelgroße Zwiebeln
500 g mageres Kalbfleisch
aus der Keule
2 EL Weizenmehl
3 EL Butter oder Margarine
125 ml (⅛ l) Weißwein
250 g Schlagsahne
Salz
frisch gemahlener Pfeffer
1 Prise Zucker

1 Fleisch in hauchdünne, teelöffelgroße Scheiben schneiden.

2 Fleisch mit Mehl bestäuben.

Züricher Geschnetzeltes
4 Portionen – Beschichtete Bratpfanne

Zubereitungszeit: etwa 30 Minuten

1. Zwiebeln abziehen und würfeln. Fleisch unter fließendem kalten Wasser abspülen und mit Küchenpapier trockentupfen

2. Foto 1 Fleisch in hauchdünne, teelöffelgroße Scheiben schneiden.

3. Foto 2 Fleisch mit Mehl bestäuben.

4. 1 Esslöffel Butter oder Margarine in einer beschichteten Pfanne erhitzen, Foto 3 ein Viertel der Zwiebelwürfel und die Hälfte des Fleisches etwa 2 Minuten unter gelegentlichem Umrühren darin braten lassen (Fleisch darf nicht braun werden!) und aus der Pfanne nehmen. Fleisch in einer Schüssel warmstellen, mit einem Teller abdecken. Wieder 1 Esslöffel Butter oder Margarine erhitzen, das restliche Fleisch und ein weiteres Viertel Zwiebelwürfel hineingeben und auf die gleiche Weise zubereiten.

5. Restliche Butter oder Margarine zerlassen, restliche Zwiebelwürfel darin 3 Minuten dünsten. Mit Wein ablöschen.

6. Foto 4 Sahne und Fleisch hinzufügen, mit Salz, Pfeffer und Zucker würzen. Das Geschnetzelte etwa 5 Minuten erhitzen und sofort servieren.

Beilage: Berner Rösti, Spätzle oder Reis und Salat.

Tipp: Sie können zusätzlich 200 g geputzte, in Scheiben geschnittene Champignons mit der letzten Portion der Zwiebelwürfel andünsten. Dann wie im Rezept beschrieben fortfahren.

Ein Viertel der Zwiebelwürfel und die Hälfte des Fleisches unter Umrühren braten lassen (Fleisch darf nicht braun werden!).

Sahne und Fleisch hinzufügen, mit Salz, Pfeffer und Zucker würzen.

Gyrospfanne mit Knoblauch-Dill-Quark
4 Portionen

Zubereitungszeit: etwa 25 Minuten

Für den Knoblauch-Dill-Quark:
250 g Salatgurke
3 Stängel Dill
2 Knoblauchzehen
250 g Magerquark
150 g Vollmilchjoghurt, natur
Salz
frisch gemahlener Pfeffer

Für die marinierten Zwiebeln:
2 Zwiebeln (100 g)
Salz
1 EL Weißweinessig
1 Prise Pul Biber (scharfe Paprikaflocken)

Für die Gyrospfanne:
4 EL Olivenöl
800 g gewürztes Gyros (beim Metzger bestellen)
evtl. etwas glatte Petersilie zum Garnieren

1. Für den Knoblauch-Dill-Quark die Gurke schälen, auf der Haushaltsreibe raspeln und etwas ausdrücken. Dill abspülen, trockentupfen, die Blättchen von den Stängeln zupfen, fein hacken.

2. Knoblauch abziehen, fein hacken, mit Quark und Joghurt verrühren. Gurkenraspel und Dill unterheben. Mit Salz und Pfeffer abschmecken, kalt stellen.

3. Für die marinierten Zwiebeln Zwiebeln abziehen, in feine Scheiben schneiden, mit Salz, Essig und Pul Biber würzen und durchziehen lassen.

4. Für die Gyrospfanne Öl erhitzen. Gyros darin portionsweise anbraten. Anschließend die gesamte Menge bei starker Hitze 8 Minuten knusprig braun braten, dabei gelegentlich wenden.

5. Gyros mit Zwiebeln und Knoblauch-Dill-Quark anrichten. Evtl. mit glatter Petersilie garnieren.

Beilage: Fladenbrot oder Pommes frites.

Tipp: Das Gyros kann auch mit Schweineschulter, Hähnchen- und Putenfleisch selbst zubereitet werden. Einfach zum Würzen ist fertiges Gyros-Salz.

Schweineschnitzel, paniert

4 Schweineschnitzel
(je etwa 150 g)
Salz
frisch gemahlener Pfeffer
Paprikapulver edelsüß
2 EL Weizenmehl
2 Eier
3 EL Semmelbrösel
5 EL Speiseöl

Schnitzel mit Salz, Pfeffer und Paprika würzen.

Schnitzel in Mehl wenden.

Schweineschnitzel, paniert
4 Portionen

Zubereitungszeit: etwa 20 Minuten

1. Foto 1 Schweineschnitzel mit Salz, Pfeffer und Paprika würzen.

2. Drei tiefe Teller nebeneinander stellen. Einen mit Mehl füllen, in einem die Eier mit einer Gabel verschlagen und in einen Semmelbrösel geben.

3. Foto 2 Schnitzel zuerst in Mehl wenden. Überschüssiges Mehl abschütteln. Foto 3 Bemehlte Schnitzel erst in Eiern, Foto 4 dann in Semmelbröseln wenden.

4. Öl in einer Pfanne stark erhitzen. Schnitzel beidseitig kurz und kräftig anbraten, dann bei mittlerer Hitze 3–5 Minuten – je nach Dicke der Schnitzel – fertig braten. Ab und zu wenden.

Beilage: Zitronenscheibe, Pommes frites oder Bratkartoffeln und Blattsalat.

Tipp: Die Panade nicht zu fest andrücken, damit sie schön locker wird.

Abwandlung: Jägerschnitzel. Dafür 1 Zwiebel abziehen und würfeln. 250 g Champignons putzen, mit Küchenpapier abreiben, evtl. abspülen, trockentupfen und in Scheiben schneiden. Schnitzel wie beschrieben vorbereiten, panieren, braten, zugedeckt warm stellen. Zwiebelwürfel im Bratfett andünsten. Champignonscheiben mit den Zwiebelwürfeln dünsten. Salzen, pfeffern und 2–3 Minuten bei mittlerer Hitze ohne Deckel leicht kochen lassen. Zum Schluss 1 Becher (150 g) Crème fraîche und 1 Esslöffel gehackte Petersilie unterrühren.

3. Bemehlte Schnitzel erst in Eiern, dann in Semmelbröseln wenden.

4. Schnitzel in Semmelbröseln wenden.

Frikadellen
6–8 Stück oder 8–10 kleine Frikadellen

Zubereitungszeit: etwa 25 Minuten

1 Brötchen (vom Vortag)
2 mittelgroße Zwiebeln
600 g Gehacktes (halb Rind-, halb Schweinefleisch)
1 Ei (Größe M)
Salz
frisch gemahlener Pfeffer
Paprikapulver edelsüß
5–6 EL Speiseöl

1. Brötchen in kaltem Wasser einweichen. Zwiebeln abziehen und in kleine Würfel schneiden.

2. Gehacktes in eine Schüssel geben. Ausgedrücktes Brötchen, Zwiebelwürfel und Ei gut untermengen. Mit Salz, Pfeffer und Paprika würzen.

3. Aus der Gehacktesmasse mit angefeuchteten Händen Frikadellen formen.

4. Speiseöl in einer beschichteten Pfanne erhitzen. Die Frikadellen darin von jeder Seite etwa 5 Minuten bei mittlerer Hitze braten, herausnehmen.

Beilage: Kartoffelbrei, Möhrengemüse.

Tipp: Die Zwiebeln schmecken milder, wenn sie vor der Zugabe in etwas Fett angedünstet werden. Geben Sie 1–2 Esslöffel fein gehackte Petersilie mit in den Frikadellenteig.
1 rote Paprikaschote halbieren, entstielen, entkernen und die weißen Scheidewände entfernen. Schote waschen, abtrocknen, in kleine Würfel schneiden und zusätzlich unter den Frikadellenteig kneten.

Variante: Hamburger
Die Frikadellen etwas flacher drücken und von jeder Seite etwa 3 Minuten braten. 4–6 Hamburger-Brötchen waagerecht durchschneiden. Auf die untere Brötchenhälfte jeweils 1 gewaschenes, trockengetupftes Salatblatt legen. Je 1 Frikadelle darauflegen. 2 gewaschene, trockengetupfte Tomaten und 2 Gewürzgurken in Scheiben schneiden, mit Senf und Ketchup auf den Frikadellen verteilen. Die oberen Brötchenhälften jeweils darauflegen und servieren.

Würziges Schweinefilet

2 Schweinefilets (je 350 g)
etwa 100 ml Sojasauce
frisch gemahlener Pfeffer
Paprikapulver edelsüß

20 g Butter

Für die Sauce:
250 ml (¼ l) Fleischbrühe
1–2 gestr. EL Weizenmehl
3 EL kaltes Wasser
4 EL Schlagsahne
evtl. Kerbel zum Garnieren

Schweinefilets enthäuten und die Sehnen entfernen.

Schweinefilet gelegentlich in der Sojasauce wenden.

Würziges Schweinefilet
4 Portionen – Feuerfeste Form

Zubereitungszeit: etwa 40 Minuten, ohne Marinierzeit

1. Schweinefilets unter fließendem kalten Wasser abspülen und trockentupfen.

2. Foto 1 Schweinefilets enthäuten und die Sehnen entfernen.

3. Die Filets etwa 30 Minuten in Sojasauce einlegen (marinieren), dazu die Filets mit Sojasauce begießen, zugedeckt kalt stellen und Foto 2 gelegentlich in der Sojasauce wenden.

4. Den Backofen auf 200 °C (Heißluft 180 °C) vorheizen.

5. Butter in einem kleinen Topf zerlassen.

6. Anschließend die Filets aus der Marinade nehmen, mit Küchenpapier trockentupfen. Mit Pfeffer und Paprika würzen, in eine feuerfeste Form legen und Foto 3 mit zerlassener Butter bestreichen. Die Form auf dem Rost in den Backofen schieben.

Ober-/Unterhitze: etwa 200 °C (vorgeheizt)
Heißluft: etwa 180 °C (vorgeheizt)
Backzeit: etwa 25 Minuten.

7. Das gare Fleisch auf eine vorgewärmte Platte legen, mit einer heiß ausgespülten Schüssel zudecken und noch einige Minuten bei Zimmertemperatur ruhen lassen.

8. Foto 4 Für die Sauce den Bratensatz mit Fleischbrühe vom Boden und vom Rand der Form mit einem Pinsel lösen, in einen Topf geben und zum Kochen bringen.

9. Mehl mit Wasser anrühren, unter Rühren in die Flüssigkeit geben, zum Kochen bringen, etwa 5 Minuten kochen lassen. Sahne unterrühren. Sauce mit Salz, Pfeffer und Sojasauce (von der Marinade) abschmecken und zum Fleisch reichen.

10. Das Fleisch in Scheiben schneiden, mit der Sauce anrichten und evtl. mit Kerbel garnieren.

Beilage: Gemüseplatte und Salzkartoffeln.

3 Schweinefilet in der Form mit Butter bepinseln.

4 Bratensatz mit einem Pinsel und Brühe vom Boden lösen.

Calzone-Braten

6 Portionen – Auflaufform oder Bräter, Holzstäbchen oder Küchengarn

Zubereitungszeit: etwa 30 Minuten

60 g getrocknete Tomaten in Öl
12 kleine schwarze Oliven (ohne Stein)
je 1 kleine gelbe, rote und grüne Paprikaschote
(je etwa 150 g)
2 mittelgroße Zwiebeln
2 Knoblauchzehen
2 Scheiben Toastbrot
3 EL Olivenöl
2 Pck. TK-8-Kräuter-Mischung (je 25 g)
Salz
frisch gemahlener Pfeffer
Paprikapulver edelsüß
1 Stück Schweinefleisch (aus der Oberschale, etwa 1,2 kg)
250 ml (¼ l) Gemüsebrühe
2 Dosen stückige Tomaten (je 400 g)

1. Tomaten abtropfen lassen und in Streifen schneiden. Oliven halbieren oder vierteln. Paprikaschoten vierteln, entstielen, entkernen, die weißen Scheidewände entfernen, die Schoten waschen und in feine Streifen schneiden. Zwiebeln abziehen, halbieren und in Streifen schneiden. Knoblauch abziehen und würfeln. Toastbrot entrinden und in kleine Würfel schneiden.

2. Den Backofen auf 250 °C (Heißluft nicht vorgeheizt) vorheizen.

3. Öl in einem Topf erhitzen. Paprikastreifen, Zwiebeln und Knoblauch darin andünsten. Brotwürfel, Kräuter, Tomatenstreifen und Oliven zugeben und alles mit Salz, Pfeffer und Paprikapulver abschmecken.

4. Schweinefleisch unter fließendem kalten Wasser abspülen und mit Küchenpapier trockentupfen. Waagerecht in der Mitte soweit einschneiden, dass es an einer Seite noch zusammenhält, auseinander klappen. Das Fleischstück flachklopfen und mit Salz und Pfeffer bestreuen.

5. Die Hälfte der Gemüse-Brot-Masse auf die eine Längsseite des Fleischstückes geben, die andere Seite darüber schlagen und die Öffnung mit Holzstäbchen gut feststecken oder mit Küchengarn zunähen. Das Fleischstück in eine große, flache Auflaufform oder einen Bräter geben, auf dem Rost in den Backofen schieben.

Ober-/Unterhitze: etwa 250 °C (vorgeheizt)
Heißluft: etwa 230 °C (nicht vorgeheizt)
Garzeit: etwa 50 Minuten.

6. Nach 10 Minuten die Gemüsebrühe hinzugießen und das Fleisch weitergaren.

7. Nach weiteren 20 Minuten die restliche Gemüse-Brot-Masse und die stückigen Tomaten hinzufügen.

8. Den Backofen herunterschalten (Ober-/Unterhitze 200 °C, Heißluft 180 °C).

9. Alles noch etwa 20 Minuten garen, dabei die Gemüse-Brot-Mischung gelegentlich umrühren. Evtl. noch etwas Wasser hinzufügen.

10. Die Auflaufform aus dem Backofen nehmen und das Fleisch zugedeckt etwa 10 Minuten ruhen lassen. Das Gemüse evtl. mit den Gewürzen abschmecken.

11. Zum Servieren das Fleisch in Scheiben schneiden und das Gemüse dazu reichen.

Rinderrouladen

4 Frühlingszwiebeln
1 Möhre
4 Scheiben Rindfleisch
(je 180 g aus der Keule)
4 TL mittelscharfer Senf
Salz
frisch gemahlener Pfeffer
8 Scheiben Bacon
(160 g, Frühstücksspeck)
3 EL Speiseöl
250 ml (¼ l) Fleischbrühe

Nach Belieben:
20 g Weizenmehl
3 EL kaltes Wasser
1 kleine Frühlingszwiebel

Fleischscheiben mit Senf bestreichen.

Baconscheiben und Frühlingszwiebeln darauflegen.

Rinderrouladen

4 Portionen – Holzstäbchen oder Rouladennadeln

Zubereitungszeit: etwa 60 Minuten

1. Frühlingszwiebeln putzen, waschen, trockentupfen und halbieren. Möhre schälen, abspülen und in Scheiben schneiden.

2. Rindfleisch mit Küchenpapier trockentupfen, Foto 1 mit Senf bestreichen, mit Salz und Pfeffer bestreuen.

3. Foto 2 Auf jede Fleischscheibe 2 Scheiben Bacon und 2 halbe Frühlingszwiebeln geben. Foto 3 Von der schmalen Seite her aufrollen. Foto 4 Rouladen mit Holzstäbchen feststecken.

4. Speiseöl in einem breiten, flachen Topf erhitzen, die Rouladen von allen Seiten kräftig darin anbraten. Möhre und den Rest der Frühlingszwiebeln kurz mitbraten lassen.

5. Die Brühe hinzugießen, die Rouladen etwa 90 Minuten schmoren lassen. Foto 5 Rouladen von Zeit zu Zeit wenden. Evtl. noch etwas Wasser hinzugießen.

6. Die garen Rouladen auf einer vorgewärmten Platte anrichten, Holzstäbchen entfernen. Rouladen zugedeckt warm stellen.

7. Den Bratensatz mit Wasser auf 750 ml (¾ l) auffüllen, zum Kochen bringen. Mit einem Schneidstab pürieren.

8. Nach Belieben Weizenmehl mit kaltem Wasser klümpchenfrei anrühren, die Flüssigkeit Foto 6 unter Rühren mit einem Schneebesen in die kochende Sauce geben und damit binden. Die Sauce etwa 5 Minuten kochen lassen. Mit Salz und Pfeffer abschmecken. Frühlingszwiebel putzen, abspülen und in feine Ringe schneiden. In die Sauce rühren.

Beilage: Rotkohl und Salzkartoffeln oder Kartoffelklöße.

Tipp: Die Sauce zusätzlich mit etwas Senf abschmecken.

Rouladen von der schmalen Seite her aufrollen.

Rouladen mit Holzstäbchen feststecken.

Rouladen von Zeit zu Zeit wenden.

Angerührtes Mehl mit einem Schneebesen in die kochende Sauce rühren.

Gulasch
4 Portionen

Zubereitungszeit: etwa 90 Minuten

500 g Zwiebeln
500 g schieres (mageres) Rindfleisch
(ohne Knochen, z. B. aus der Unterschale)
4 EL Speiseöl
Salz
frisch gemahlener Pfeffer
Paprikapulver edelsüß
2 EL Tomatenmark
250 ml (¼ l) heißes Wasser
1 Glas Champignons (Abtropfgewicht 210 g)
einige Spritzer Tabasco (Chilisauce)
2 Zweige Petersilie

1. Zwiebeln abziehen, halbieren und in Scheiben schneiden. Rindfleisch unter fließendem kalten Wasser abspülen, trockentupfen und in Würfel schneiden.

2. Die Hälfte des Speiseöls in einem Bratentopf erhitzen. Rindfleischwürfel darin in zwei Portionen von allen Seiten gut anbraten. Restliches Speiseöl und Zwiebelscheiben hinzufügen, mitbräunen lassen.

3. Mit Salz, Pfeffer und Paprika würzen, Tomatenmark unterrühren.

4. Wasser hinzugießen. Das Fleisch zum Kochen bringen und zugedeckt in 1–1½ Stunden gar schmoren lassen.

5. Champignons in einem Sieb abtropfen lassen, zum Gulasch geben und kurz mit erhitzen. Gulasch mit Salz, Pfeffer, Paprika und Tabasco abschmecken.

6. Petersilie abspülen, trockentupfen, das Gulasch damit garnieren.

Beilage: Kartoffeln, Nudeln, Spätzle, Salat.

Tipp: Anstelle von Salz, Pfeffer und Paprika kann auch ein fertiges Gulaschgewürz verwendet werden.
Raffinierter wird das Gulasch, wenn die Hälfte des Wassers durch Rotwein ersetzt wird.
Anstelle von Rindfleisch kann auch mageres Schweinefleisch verwendet werden. Dann verkürzt sich die Schmorzeit auf 45 Minuten. Gulasch kann gut vorbereitet und portionsweise eingefroren werden.

Vitello tonnato

1¼ l Wasser
750 g mageres Kalbfleisch
(aus der Unterschale)
2 Zwiebeln
1 geh. TL Salz
2 Lorbeerblätter
4 Gewürznelken

Für die Tunfischsauce:
2 Dosen Tunfisch im eigenen
Saft (Abtropfgewicht je 140 g)
1 Glas Kapern
(30 g Abtropfgewicht)
2 EL Zitronensaft
150 g Salatmayonnaise
150 g Crème fraîche
Salz
frisch gemahlener Pfeffer

1 Tunfisch in einem Sieb abtropfen lassen.

2 Kapern mit großem Messer auf einem Schneidbrett hacken.

Vitello tonnato
4 Portionen

Zubereitungszeit: etwa 2½ Stunden, ohne Abkühlzeit

1. Wasser in einem Topf zum Kochen bringen. Kalbfleisch unter fließendem kalten Wasser abspülen. Zwiebeln abziehen und vierteln. Das Fleisch mit Salz, Lorbeerblättern, Nelken und Zwiebelvierteln in das kochende Wasser geben, wieder zum Kochen bringen und etwa 75 Minuten zugedeckt bei schwacher Hitze kochen. Das Fleisch in dem Kochsud erkalten lassen.
2. Foto 1 Für die Sauce Tunfisch in einem Sieb gut abtropfen lassen.
3. ⅔ der Kapern abtropfen lassen und Foto 2 fein hacken.
4. Foto 3 Tunfisch und Zitronensaft in einer Rührschüssel mit dem Schneidstab pürieren.
5. Foto 4 Mayonnaise und Crème fraîche mit dem Schneebesen unterrühren. Gehackte Kapern unter die Masse rühren. Mit Salz und Pfeffer würzen.
6. Das kalte Fleisch aus dem Kochsud nehmen, trockentupfen, in sehr dünne Scheiben schneiden (am besten mit einer Aufschnittmaschine) und auf eine tiefe Platte legen.
7. Die Sauce auf den Fleischscheiben verteilen und mit den restlichen Kapern bestreuen.

Beilage: Baguette oder Ciabatta (italienisches Weißbrot).

Tipp: Als Vorspeise reicht das Gericht für 6–8 Portionen. Sie können das Fleisch bereits am Tag vor dem Verzehr kochen und im Kochsud erkalten lassen.

3. Tunfisch und Zitronensaft in einer Rührschüssel mit dem Schneidstab pürieren.

4. Mayonnaise und Crème fraiche mit dem Schneebesen unterrühren.

Tafelspitz mit Meerrettichsauce
4 Portionen

Zubereitungszeit: etwa 3 Stunden

1–1½ l Wasser
1 kg Rindfleisch (aus der Hüfte, Tafelspitz)
1–1½ TL Salz
1 Lorbeerblatt
1 EL Pfefferkörner
2 große Zwiebeln
150 g Möhren
150 g Knollensellerie
200 g Porree (Lauch)

Für die Meerrettichsauce:
30 g Butter oder Margarine
20 g Weizenmehl
375 ml (³⁄₈ l) Tafelspitzbrühe
125 g Schlagsahne
½ Bund Schnittlauch
3 EL geriebener Meerrettich (aus dem Glas)
Salz
etwas Zucker
etwa 1 TL Zitronensaft

1. Wasser in einem großen Topf zum Kochen bringen. Rindfleisch unter fließendem kalten Wasser abspülen, mit Salz, Lorbeerblatt und Pfefferkörnern in das kochende Wasser geben, zum Kochen bringen und mit einer Schaumkelle abschäumen. Etwa 2 Stunden mit Deckel gar ziehen lassen (nicht kochen lassen, das Wasser soll sich nur leicht bewegen).

2. In der Zwischenzeit Zwiebeln abziehen und würfeln. Möhren schälen. Knollensellerie schälen, schlechte Stellen herausschneiden. Möhren und Sellerie abspülen, abtropfen lassen und in Scheiben schneiden. Von dem Porree die Außenblätter entfernen, Wurzelende und dunkles Grün abschneiden. Die Stange längs halbieren, gründlich waschen, abtropfen lassen und in 2 cm lange Stücke schneiden.

3. Das vorbereitete Gemüse in der letzen ½ Stunde zu dem Fleisch geben und zugedeckt mitgaren.

4. Das gare Fleisch vor dem Schneiden etwa 10 Minuten zugedeckt ruhen lassen, damit sich der Fleischsaft setzt.

5. Die Brühe mit dem Gemüse durch ein Sieb geben, dabei die Brühe auffangen und 375 ml (³⁄₈ l) für die Sauce abmessen. Das Gemüse zugedeckt warm stellen.

6. Für die Meerrettichsauce Butter oder Margarine in einem kleinen Topf zerlassen. Mehl unter Rühren so lange darin erhitzen, bis es hellgelb ist. Die Sahne unter Rühren hinzugießen, dabei darauf achten, dass keine Klümpchen entstehen. Die abgemessene Tafelspitzbrühe zugeben und mit einem Schneebesen gut durchschlagen. Die Sauce unter Rühren zum Kochen bringen und bei schwacher Hitze etwa 10 Minuten ohne Deckel kochen lassen, dabei gelegentlich umrühren.

7. Schnittlauch abspülen, trockentupfen und in Röllchen schneiden. Meerrettich unterrühren. Die Sauce mit Salz, Zucker und Zitronensaft abschmecken.

8. Das Fleisch in Scheiben schneiden, auf einer vorgewärmten Platte anrichten, mit etwas heißer Brühe übergießen und mit Gemüse garnieren. Die Sauce mit Schnittlauch bestreuen und zu dem Tafelspitz reichen.

Beilage: Petersilienkartoffeln und grüner Salat.

Satéspieße mit Erdnusssauce

4 Hähnchenbrustfilets
(je etwa 160 g)

Für die Marinade:
2 Knoblauchzehen
1 kleine Zwiebel
1 rote Chilischote
2 EL helle Sojasauce
1 Dose Kokosmilch (400 ml)
2 EL Speiseöl
1 große Prise gemahlener Kreuzkümmel
Salz
frisch gemahlener Pfeffer

Für die Erdnusssauce:
1 Pck. gesalzene Erdnusskerne (100 g)
1 Bio-Zitrone (unbehandelt, ungewachst)
2 EL Erdnusscreme
1 TL Currypulver, indisch
1 Prise Zucker
3–5 EL Schlagsahne

Außerdem:
10–12 Zitronengrasstängel

Vorbereitete Hähnchenbrustfilets in Streifen schneiden.

Sojasauce und Kokosmilch verrühren. Speiseöl mit einem Schneebesen untergeschlagen.

Satéspieße mit Erdnusssauce
4–6 Portionen

Zubereitungszeit: etwa 40 Minuten, ohne Marinierzeit

1. Hähnchenbrustfilets unter fließendem kalten Wasser abspülen und trockentupfen.

2. Foto **1** Fleisch quer in 1–2 cm breite Streifen schneiden. Fleischstreifen in eine flache Schale legen.

3. Für die Marinade Knoblauch und Zwiebel abziehen, in sehr kleine Würfel schneiden. Chilischote abspülen, trockentupfen, längs halbieren, entstielen, entkernen und in feine Streifen schneiden.

4. Foto **2** Sojasauce mit 4 Esslöffeln der Kokosmilch verrühren. Speiseöl unterschlagen. Knoblauch- und Zwiebelwürfel, Chilistreifen und Kreuzkümmel hinzufügen. Mit Salz und Pfeffer würzen.

5. Foto **3** Die Marinade auf den Fleischstreifen verteilen und zugedeckt 1–2 Stunden durchziehen lassen.

6. Für die Erdnusssauce Erdnusskerne in einer Pfanne ohne Fett anrösten, herausnehmen, abkühlen lassen und fein hacken. Zitrone heiß abwaschen, abtrocknen und die Schale mit einer kleinen Reibe abreiben. Zitrone auspressen.

7. Restliche Kokosmilch mit der Erdnusscreme und Curry in einem Topf zum Kochen bringen. Erdnussstückchen und Zitronenschale unterrühren. Mit Zucker abschmecken. So viel Sahne hinzugießen, bis die Sauce cremig ist.

8. Vom Zitronengras die äußeren Blätter entfernen. Die Stängel mit einem Messer anspitzen. Fleischstreifen aus der Marinade nehmen, kurz abtropfen lassen und Foto **4** wellenförmig auf die Zitronengrasstängel stecken.

9. Die Fleischspieße mit etwas Abstand auf den Grillrost legen und unter dem vorgeheizten Grill etwa 10 Minuten grillen, dabei ab und zu wenden. Die Spieße während des Grillens mit der Marinade bestreichen.

Tipp: Satéspieße schmecken auch mit Schweine- oder Rindfleischstreifen. Statt Zitronengrasstängel können auch Holzspieße verwendet werden. Holzspieße in Wasser quellen lassen, dann das Fleisch aufstecken. Das gegarte Fleisch löst sich dann leicht vom Spieß.

Marinade auf den Fleischstreifen verteilen.

Fleischstreifen wellenförmig auf die Zitronengrasstängel stecken.

Hähnchenbrust mit Mozzarella
4 Portionen

Zubereitungszeit: etwa 30 Minuten

4 Hähnchenbrustfilets (je etwa 150 g)
Salz
frisch gemahlener schwarzer Pfeffer
2 große Tomaten
125 g Mozzarella-Käse
3 EL Speiseöl, z. B. Sonnenblumenöl
einige Basilikumblättchen

1. Den Backofengrill vorheizen.

2. Hähnchenbrustfilets unter fließendem kalten Wasser abspülen, trockentupfen, salzen und pfeffern.

3. Tomaten abspülen, abtrocknen, die Stängelansätze herausschneiden und Tomaten jeweils in 4 Scheiben schneiden. Mozzarella abtropfen lassen und in 8 Scheiben schneiden.

4. Öl in einer ofenfesten Pfanne erhitzen. Die Hähnchenbrustfilets darin etwa 10 Minuten von beiden Seiten braten.

5. Jedes Filet zuerst mit je 2 Tomatenscheiben belegen und mit Pfeffer bestreuen, dann je 2 Mozzarella-Scheiben darauflegen und ebenfalls mit Pfeffer bestreuen.

6. Die Pfanne auf dem Rost unter den vorgeheizten Grill in den Backofen schieben und die Filets 5–10 Minuten übergrillen, bis der Käse zerläuft (wer keine ofenfeste Pfanne hat, kann die Filets auch nach dem Anbraten in eine Auflaufform umfüllen).

7. Die übergrillten Filets vor dem Servieren mit Basilikumblättchen garnieren.

Beilage: Butterreis oder Knoblauchtoast und Eisbergsalat.

Tipp: Wenn Sie keinen Backofengrill haben, die Pfanne (Auflaufform) bei etwa 220 °C (Ober-/Unterhitze), etwa 200 °C (Heißluft) auf dem Rost in den vorgeheizten Backofen schieben und 5–10 Minuten überbacken, bis der Käse zerläuft.

Lammkeule nach der 80-Grad-Methode

10–12 Knoblauchzehen
3 Stängel Rosmarin

Für die Marinade:
1 EL flüssiger Honig
1 EL Dijon-Senf
2 EL Olivenöl
frisch gemahlener Pfeffer

1 Lammkeule, etwa 2 kg
2 TL grobes Salz

Für die Sauce:
2 Zwiebeln (100 g)
100 ml Rotwein
400 ml Fleischbrühe
evt. etwas Saucenbinder
Salz

Lammkeule von Fett und Sehnen befreien.

Lammkeule mit einem spitzen, scharfen Messer an mehreren Stellen einstechen, sofort Knoblauchstifte und Rosmarinnadeln einstecken.

Lammkeule nach der 80-Grad-Methode
6 Portionen, Backblech

Zubereitungszeit: etwa 40 Minuten

1. Knoblauch abziehen. Die Hälfte davon in Stifte schneiden. Rosmarin abspülen, trockentupfen. Rosmarinnadeln in kleinen Büscheln abzupfen.

2. Für die Marinade restlichen Knoblauch fein hacken, mit Honig, Senf und Olivenöl in einer Schüssel mit Schneebesen verrühren, mit Pfeffer würzen.

3. Backofen auf 250 °C vorheizen.

4. Lammkeule waschen, trockentupfen. Foto 1 Fett und Sehnen mit einem kleinen scharfen Messer entfernen.

5. Foto 2 Die Lammkeule rundherum mit einem kleinen, spitzen Messer an mehreren Stellen etwa 2 cm tief einstechen und sofort Rosmarinnadeln und Knoblauchstifte in die Einstiche stecken.

6. Foto 3 Die Lammkeule rundherum mit Salz einreiben.

7. Foto 4 Lammkeule mit einem Pinsel mit der Marinade bestreichen und auf ein Backblech legen. Das Backblech in das untere Drittel des Backofens schieben. Die Lammkeule etwa 15 Minuten anbraten. Lammkeule dabei einmal wenden.

8. Die Hitze auf 80 Grad reduzieren. Dabei die Tür etwa 1 Minute öffnen, damit der Backofen etwas abkühlen kann. Dann die Tür wieder schließen.

9. Für die Sauce Zwiebeln abziehen, fein würfeln und zur Lammkeule geben.

10. Lammkeule 6½ Stunden garen. Nach 2 Stunden die Lammkeule wenden, den Rotwein dazugießen. Nach weiteren 2 Stunden die Lammkeule wieder wenden, die Fleischbrühe hinzugießen, Lammkeule fertig garen.

11. Die Lammkeule warm stellen. Die Sauce durch ein Sieb in einen Topf gießen. Die Sauce etwas einkochen lassen. Mit Saucenbinder binden. Mit Salz und Pfeffer abschmecken.

Lammkeule mit Salz einreiben.   Mit der Marinade einpinseln.

Mariniertes Kräuterfleisch
6 Portionen – Auflaufform

Zubereitungszeit: etwa 40 Minuten, ohne Durchziehzeit

600 g Schweinefilet
600 g Roastbeef
Salz
frisch gemahlener Pfeffer
6 EL Speiseöl

Für die Marinade:
1 Bund Schnittlauch
½ Bund Dill
½ Bund Petersilie
1 Bund Kerbel
4 EL Rotweinessig
2 TL Dijon-Senf
3 TL rosa Pfefferbeeren
6 EL Speiseöl
Rotweinessig

1. Den Backofen auf 80 °C vorheizen. Einen großen, feuerfesten Teller oder eine Auflaufform mit niedrigem Rand auf dem Rost (mittlere Schiene) mit erwärmen.

2. Schweinefilet und Roastbeef enthäuten, unter fließendem kalten Wasser abspülen und trockentupfen. Mit Salz und Pfeffer würzen.

3. Speiseöl in einer großen Pfanne erhitzen. Schweinefilet und Roastbeef hinzufügen und von allen Seiten in etwa 8 Minuten gut anbraten. Das Fleisch herausnehmen und auf dem vorgewärmten Teller oder in der Auflaufform in den Backofen schieben. Schweinefilet etwa 1 Stunde, Roastbeef etwa 3 Stunden garen.

4. Das Fleisch jeweils nach der angegebenen Garzeit aus dem Backofen nehmen und erkalten lassen. Anschließend in etwa ½ cm dicke Scheiben schneiden und in eine flache Schale legen.

5. Für die Marinade Kräuter abspülen und trockentupfen. Schnittlauch in Röllchen schneiden. Von den übrigen Kräutern die Blättchen abzupfen und grob hacken. Rotweinessig mit Dijon-Senf, Bratensaft und Pfefferbeeren verrühren, Speiseöl unterschlagen. Mit Salz und Pfeffer würzen. Kräuter hinzufügen. Die Marinade auf den Fleischscheiben verteilen und zugedeckt mindestens 3–4 Stunden marinieren. Fleischscheiben dabei gelegentlich wenden.

6. Das Kräuterfleisch nochmals mit Salz, Pfeffer und Rotweinessig abschmecken. Das Kräuterfleisch mit der Marinade auf einer Platte anrichten.

Beigabe: Baguette und Salat.

Tipp: Statt der frischen Kräuter können auch 2 Päckchen (je 25 g) TK-Kräuter verwendet werden. Das Fleisch kann bereits am Vortag zubereitet und über Nacht mariniert werden.

Schweinefleisch auf chinesische Art

10 g getrocknete Mu-Err-Pilze
500 g Porree (Lauch)
2 Stangen (125 g) Staudensellerie
1 Glas Sojabohnen-Keimlinge (Abtropfgewicht 175 g)
1 Glas Bambusschößlinge (Abtropfgewicht 175 g)
100 g Glasnudeln
400 g Schweineschnitzel
5–6 EL Speiseöl

Salz
frisch gemahlener Pfeffer
4 EL Sojasauce
125 ml (1/8 l) Fleischbrühe

1 Pilze in einer Schüssel mit kochend heißem Wasser übergießen.

2 Vom Staudensellerie mit einem kleinen Messer die harten Fäden abziehen.

Schweinefleisch auf chinesische Art
4 Portionen – Wok oder große Pfanne

Zubereitungszeit: etwa 50 Minuten

1. Foto 1 Pilze in eine Schüssel geben, mit kochend heißem Wasser übergießen. Nach Packungsanleitung einweichen, damit die Pilze auf das 4–5-fache Volumen ausquellen können.

2. Porree putzen, längs halbieren, abspülen, abtropfen lassen, in dünne Streifen schneiden.

3. Foto 2 Staudensellerie putzen und die harten Fäden abziehen. Sellerie waschen, abtropfen lassen und in Streifen schneiden. Sojabohnen-Keimlinge und Bambussprossen abtropfen lassen, evtl. etwas kleiner schneiden.

4. Glasnudeln mit heißem Wasser übergießen, kurz ziehen lassen, abgießen, Foto 3 mit einer Schere in Stücke schneiden.

5. Schweineschnitzel unter fließendem kalten Wasser abspülen, trockentupfen und in dünne Streifen schneiden.

6. Pilze in einem Sieb abtropfen lassen, Foto 4 in kleine Stücke schneiden, harte Stelle entfernen.

7. 3 Esslöffel Speiseöl in einem Wok oder einer großen Pfanne erhitzen, die Fleischstreifen in 2 Portionen jeweils etwa 3 Minuten darin braten, herausnehmen und mit Salz, Pfeffer und mit 1–2 Esslöffeln Sojasauce würzen.

8. Das restliche Speiseöl erhitzen, das Gemüse und die Pilze darin unter Rühren etwa 5 Minuten dünsten lassen, Glasnudeln und Fleisch hinzufügen.

9. Fleischbrühe und restliche Sojasauce hinzugießen, vorsichtig durchrühren, erhitzen. Das Gericht mit Salz und Pfeffer abschmecken.

3 Eingeweichte, abgetropfte Glasnudeln im Sieb mit einer Küchenschere klein schneiden.

4 Harte Enden der Mu-Err-Pilze mit einem Messer auf einem Brett abschneiden.

5. Speiseöl in einem Wok oder einer großen Pfanne erhitzen. Die Fleischstreifen mit der Marinade hinzugeben und unter mehrmaligem Wenden kräftig anbraten. Paprikawürfel, Zuckerschoten und Knoblauch hinzufügen und unter Rühren weitere 5–8 Minuten garen. Zuletzt Sojabohnen-Keimlinge untermengen. Mit Salz, Pfeffer und Zucker abschmecken.

Beilage: Reis oder chinesische Nudeln.

Rindfleisch auf chinesische Art
4 Portionen – Wok oder große Pfanne

Zubereitungszeit: etwa 45 Minuten, ohne Marinierzeit

400 g Rumpsteak (ohne Fettrand)

Zum Marinieren:
1 walnussgroßes Stück frische Ingwerwurzel
3–4 EL helle Sojasauce
1 TL Sambal Oelek (Chilisauce)

1 rote Paprikaschote
200 g Zuckerschoten
200 g Sojabohnen-Keimlinge
1 Knoblauchzehe
2 EL Speiseöl
frisch gemahlener Pfeffer
Salz
1 Prise Zucker

1. Rumpsteak kurz unter fließendem kalten Wasser abspülen, trockentupfen und in feine Streifen schneiden.

2. Für die Marinade Ingwer schälen, abspülen, trockentupfen und in sehr kleine Würfel schneiden. Sojasauce mit Sambal Oelek und den Ingwerwürfeln verrühren.

3. Die Marinade zu den Fleischstreifen geben, untermischen und 20–30 Minuten marinieren.

4. Paprika halbieren, entstielen, entkernen und die weißen Scheidewände entfernen. Die Schote waschen, trockentupfen und in kleine Würfel schneiden. Von den Zuckerschoten die Enden abschneiden. Schoten abspülen, abtropfen lassen und schräg halbieren. Sojabohnen-Keimlinge in ein Sieb geben, mit heißem Wasser abspülen und abtropfen lassen. Knoblauch abziehen und durch eine Knoblauchpresse drücken.

Ratgeber
Eierspeisen

Eier – Tolle Talente
Die biologische Wertigkeit eines Hühnereis ist besonders hoch. Es liefert Ihnen für Ihre gesunde Ernährung wertvolles Eiweiß, nur wenig Fett und kaum Kohlenhydrate. Außer Vitamin C findet man in Eigelb und Eiweiß alle anderen Vitamine, Eisen und viele Mineralstoffe. Absolut einzigartig: der Frischhalteeffekt. So genannte Lysozyme wirken antibakteriell und halten das Ei mindestens drei Wochen frisch.

Kleines Eierlatein
- Ein Ei ist Binde-, Legier-, Emulgier-, Klär-, Panier-, Klebe-, Lockerungs- und Triebmittel zum Backen.
- Steht ein Ei in der Zutatenliste, ist immer ein Hühnerei gemeint.
- Eiweiß nennt man auch Eiklar.
- Im Handel erhalten Sie nur Eier der Güteklasse „A" bzw. „frisch".
- Alle wichtigen Verbraucherinformationen finden Sie auf der Eierverpackung.
- Bewahren Sie immer Eier mit der Spitze nach unten bei Kühlschranktemperatur auf.
- Wissen Sie nicht mehr, ob sich im Kühlschrank ein gekochtes oder rohes Ei befindet? Drehen Sie das Ei um die eigene Achse. Ein gekochtes Ei dreht sich schnell und gleichmäßig. Beim rohen Ei schlingert der schwerere Dotter und bremst die Drehbewegung.

Augen auf beim Eierkauf
Auf der Eierpackung finden Sie folgende Informationen:
- Güteklasse: im Handel werden nur Eier der Güteklasse „A" bzw. „frisch" angeboten
- **Gewichtsklasse:**
  S (klein): unter 53 g
  M (mittel): 53 g bis unter 63 g
  L (groß): 63 g bis unter 73 g
  XL (sehr groß): 73 g und darüber
- Anzahl der Eier
- Name, Anschrift u. Kennnummer des Verpackungsbetriebes
- Haltungsform (Käfig-, Boden-, Freilandhaltung)
- Mindesthaltbarkeitsdatum (MHD)
- Verbraucherhinweise: „Nach Ablauf des MHDs durcherhitzen" und „Bei Kühlschranktemperatur aufbewahren"

Am besten frisch – so kriegen Sie's raus

- **Aufschlagprobe**

  Schlagen Sie das Ei auf. Ein frisches Ei erkennen Sie am hochgewölbten, kugelig-festen Dotter. Das zähflüssige Eiklar grenzt sich deutlich davon ab. Bei einem alten Ei ist der Dotter flach und das Eiklar dünnflüssig.

„frisch"   *„alt"*

- **Schwimmprobe**

  Legen Sie das Ei in kaltes Wasser. Ein frisches Ei bleibt am Boden liegen. Ein etwa 7 Tage altes Ei richtet sich leicht auf, weil sich die Luftkammer des Eis vergrößert, je älter es wird. Ein etwa 3 Wochen altes Ei fängt an zu schwimmen.

„1 Tag alt"   *„7 Tage alt"*   *„21 Tage alt"*

So knacken Sie die Schale
• Eier trennen

Schlagen Sie das Ei in der Mitte gegen eine Kante. Brechen Sie die Schale auseinander. Nun lassen Sie das Eigelb von einer Schalenhälfte in die andere gleiten und fangen das überfließende Eiweiß in einem Gefäß auf. Ganz einfach klappt es mit einem Eitrenner. Geben Sie das aufgeschlagene Ei hinein: Der Dotter bleibt oben liegen, das Eiweiß läuft ab.

Ganz locker bleiben!
• Eischnee schlagen

Der luftige weiße Traum ist als Lockerungsmittel für Ihre Aufläufe, Soufflés, Puddinge, Cremes, Kuchen usw. unentbehrlich. Schön weiß und fest sollte Eischnee sein. Voraussetzung dafür ist sauber vom Eigelb getrenntes Eiweiß.

- Kleine Spuren von Eigelb verhindern, dass Eischnee fest wird.
- Je frischer und kühler ein Ei ist, desto besser lässt es sich trennen und umso steifer wird das Eiweiß
- Verwenden Sie ein fettfreies Gefäß. Schlagen Sie das Eiweiß mit dem Schneebesen oder per Handrührgerät mit Rührbesen, bis es steif ist.
- Geben Sie ein paar Tropfen Zitronensaft oder eine Prise Salz hinzu, erhöht sich das Volumen des Einschnees und macht ihn stabiler.
- Locker unterheben und nicht rühren lautet die Devise beim Weiterverarbeiten.
- Möchten Sie dem Eischnee fetthaltige Zutaten beigeben, diese vorsichtig unterziehen, sonst fällt der Eischnee zusammen.

Bitte achten Sie unbedingt darauf:
- Eier nur im Kühlschrank (8–10°C) lagern. Rohe Eier sind anfällig für Salmonellen. Eine Lebensmittelvergiftung könnte die Folge sein.
- Für Gerichte mit rohen Eiern, die später nicht erhitzt werden, nur ganz frische Eier nehmen. Achten Sie auf das Legedatum! Das fertige Gericht im Kühlschrank aufbewahren und innerhalb von 24 Stunden verzehren!
- Eier mit beschädigter Schale auf jeden Fall nur durcherhitzt essen.

Kochzeiten
• Wie hätten Sie gern Ihr Frühstücksei?

Ob hart, weich oder wachsweich: Wie lange braucht welches Ei?

1. **Weich:** Nehmen Sie dafür nur ganz frische Eier. Legen Sie das Ei mit Schale in kochendes Wasser. Nach 2–3 Minuten sofort herausnehmen und unter fließend kaltem Wasser abkühlen, sonst gart es nach.
2. **Wachsweich:** Das Eiweiß sollte etwas fest, das Eigelb aber noch weich sein. Gehen Sie wie oben vor und lassen das Ei jedoch 5–6 Minuten lang kochen.
3. **Hart:** Einwandfrei hart gekochte Eier erhalten Sie nach einer Kochzeit von 8–10 Minuten. Aber bitte nicht länger, sonst wird das Eiweiß zäh und das Eigelb grünlich.

Gekochte Eier

4 frische Eier (Größe M)

1: Eier am dicken runden Ende mit einem Eierpick anstechen.

2: Eier auf einem Esslöffel ins kochende Wasser einlegen.

Gekochte Eier
4 Portionen
Zubereitungszeit: etwa 10 Minuten

1. Foto 1 Eier am dicken runden Ende mit einer Nadel oder einem Eierpick anstechen, damit sie beim Kochen nicht platzen. Wasser in einem kleinen Topf zum Kochen bringen.

2. Foto 2 Eier auf einen Löffel oder eine Schaumkelle legen und vorsichtig in das kochende Wasser gleiten lassen (die Eier sollten mit Wasser bedeckt sein). Das Wasser wieder zum Kochen bringen.

3. Foto 3 Eier im offenen Topf bei mittlerer Hitze kochen. Die Kochzeiten für Eier Größe M betragen für weiche Eier 5 Minuten, für wachsweiche Eier 8 Minuten, für harte Eier 10 Minuten. Bei größeren Eiern die Garzeit jeweils um etwa 1 Minute verlängern.

4. Foto 4 Die fertigen Eier mit dem Löffel oder der Schaumkelle herausnehmen und in kaltem Wasser abschrecken, damit sie sich besser pellen lassen.

Tipp: Werden gekühlte Eier direkt aus dem Kühlschrank verwendet, verlängert sich die Kochzeit um etwa 1 Minute. Sehr kalte Eier in lauwarmem Wasser vorwärmen, damit die Schalen nicht platzen.

Eier mit Senfsauce (Foto links)
4 Portionen
Zubereitungszeit: etwa 20 Minuten

8 hart gekochte Eier

Für die Senfsauce:
30 g Butter oder Margarine
20 g Weizenmehl
375 ml Gemüsebrühe
1 EL mittelscharfer Senf
1 EL körniger Senf
Salz
frisch gemahlener Pfeffer
2 EL Crème fraîche

1. Eier nach Grundrezept kochen.

2. Für die Sauce Butter oder Margarine zerlassen, Mehl unter Rühren so lange darin erhitzen, bis es hellgelb ist.

Im offenen Topf bei mittlerer Hitze kochen lassen.

Ei auf einem Esslöffel unter fließendem kalten Wasser abschrecken.

3. Brühe nach und nach hinzugießen, mit einem Schneebesen durchschlagen und darauf achten, dass keine Klümpchen entstehen, aufkochen. Die Sauce etwa 10 Minuten kochen lassen. Gelegentlich umrühren.

4. Beide Senfsorten hinzufügen, mit Salz und Pfeffer abschmecken, Crème fraîche zum Schluss unterrühren.

5. Eier pellen, nach Belieben halbieren und kurz vor dem Servieren in die Sauce geben.

Tipp: Mit Petersilienblättchen garnieren.
Als Beilage eignen sich Salzkartoffeln.

1. Möhren putzen, schälen, waschen und auf dem Gemüsehobel in sehr dünne Streifen (Julienne) schneiden. Die Möhrenstreifen mit dem Salz mischen und etwa 30 Minuten stehen lassen.

2. In der Zwischenzeit die Eier nach Grundrezept kochen, pellen und sechsteln.

3. Radieschen putzen, dabei die kleinen, zarten Blätter beiseitelegen. Radieschen abspülen, abtropfen lassen und in Scheiben schneiden. Die Radieschenblättchen waschen, trockentupfen und klein schneiden. Schnittlauch abspülen, trockentupfen und in lange Röllchen schneiden.

4. Für die Sauce Senf mit Wasser, Balsamico-Essig, Honig, Salz und Pfeffer verrühren. Öl unterschlagen.

5. Zum Frittieren Öl in einer Pfanne erhitzen. Möhrenstreifen gut ausdrücken und portionsweise mit Mehl mischen. Möhren in ein Sieb geben und überflüssiges Mehl abschütteln. Die Möhrenstreifen in mehreren Portionen im Öl goldbraun frittieren und auf Küchenpapier abtropfen lassen.

6. Die Möhrenstreifen auf einem Teller verteilen. Eiersechstel und Radieschenscheiben darum verteilen, mit Radieschenblättern und Schnittlauchröllchen bestreuen und mit der Sauce beträufeln. Den Salat sofort servieren.

Tipp: Der Salat eignet sich auch gut als Vorspeise. Dann reicht er für 6 Portionen.

Eiersalat mit frittierten Möhren (Foto rechts)
4 Portionen
Zubereitungszeit: etwa 45 Minuten, ohne Durchziehzeit

400 g Möhren
1 TL Salz
6 Eier (Größe M)
1 Bund Radieschen (etwa 200 g)
½ Bund Schnittlauch

Für die Sauce:
2 EL körniger Senf
2 EL Wasser
1 EL Balsamico-Essig
1–2 TL flüssiger Honig
Salz
frisch gemahlener Pfeffer
4–6 EL Olivenöl

Zum Frittieren:
250 ml (¼ l) Speiseöl
3 EL Weizenmehl

Spiegeleier

20 g Butterschmalz
oder Margarine
2 Eier (Größe M)
Salz

Butterschmalz oder Margarine in einer Pfanne (Ø 28 cm) zerlassen.

Die Eier vorsichtig einzeln in einer Tasse aufschlagen.

Eier nebeneinander in das Fett gleiten lassen.

Spiegeleier
1 Portion

Zubereitungszeit: etwa 10 Minuten

1. Foto 1 Butterschmalz oder Margarine in einer Pfanne (Ø etwa 28 cm) zerlassen.
2. Foto 2 Die Eier vorsichtig einzeln in einer Tasse aufschlagen.
3. Foto 3 Eier nebeneinander in das Fett gleiten lassen.
4. Eiweiß mit Salz bestreuen und Foto 4 die Eier etwa 5 Minuten bei mittlerer Hitze braten, bis das Eiweiß fest ist.

5. Foto 5 Soll auch das Eigelb fest werden, die Eier mit einem Pfannenwender wenden und noch etwa 2 Minuten braten lassen.
6. Die Spiegeleier aus der Pfanne nehmen und sofort servieren.

Tipp: Als Hauptgericht pro Portion 2 Eier verwenden und z. B. mit Gemüsesalat oder Bratkartoffeln und eingelegten Gurken oder zu Spinat servieren.

Abwandlung: Für **Spiegeleier mit Schinkenspeck** zusätzlich 2 Scheiben Schinkenspeck in dem Fett anbraten, die Eier aufschlagen, daraufgeben, mit Pfeffer würzen und wie oben angegeben fertig braten. Spiegeleier mit Schnittlauchröllchen servieren.

Spiegeleier auf Bauernart
4 Portionen

Zubereitungszeit: etwa 25 Minuten

1 Gemüsezwiebel
2 Fleischtomaten
4 Gewürzgurken (aus dem Glas)
30 g Butter oder Margarine
4 Scheiben gekochter Schinken
Salz
frisch gemahlener Pfeffer
4 Scheiben Kümmelbrot
4 Scheiben Edamer-Käse
40 g Butter oder Margarine
8 Eier (Größe M)

1. Zwiebel abziehen und in Scheiben schneiden. Tomaten abspülen, abtrocknen, die Stängelansätze herausschneiden, Tomaten in Scheiben schneiden. Gurken in Scheiben schneiden.

Die Eier etwa 5 Minuten bei mittlerer Hitze braten, bis das Eiweiß fest ist.

Soll auch das Eigelb fest werden, die Eier mit einem Pfannenwender wenden und noch etwa 2 Minuten braten lassen.

2. Butter oder Margarine in einer Pfanne zerlassen. Schinken darin anbraten, Zwiebeln zu dem Schinken geben und mitdünsten, Tomaten und Gewürzgurken hinzufügen und kurz mitbraten. Alle Zutaten mit Salz und Pfeffer würzen.

3. Brot mit Edamer, Tomaten-, Schinken- und Zwiebelscheiben belegen.

4. Spiegeleier nach Grundrezept zubereiten.

5. Spiegeleier auf die Brote legen.

Tipp: Um dieses Bauernbrot dekorativ zu gestalten, kann man jeweils noch ein großes Salatblatt unter den Käse legen und die Spiegeleier mit Kressebündchen und Paprika edelsüß bestreuen.

Rührei

6 Eier (Größe M)
6 EL Milch
Salz
frisch gemahlener Pfeffer
geriebene Muskatnuss
½ Bund Schnittlauch
40 g Butter oder Margarine

1 Eier mit Milch, Salz, Pfeffer und Muskat verschlagen.

2 Schnittlauch in Röllchen schneiden.

Rührei
4 Portionen

Zubereitungszeit: etwa 10 Minuten

1. Foto **1** Eier mit Milch, Salz, Pfeffer und Muskat mit einem Schneebesen kurz verschlagen.
2. Foto **2** Schnittlauch abspülen, trockentupfen und in Röllchen schneiden.
3. Butter oder Margarine in einer Bratpfanne zerlassen.
4. Foto **3** Eiermilch hineingeben.

5. Foto **4** Sobald die Masse zu stocken beginnt, diese strichweise mit einem Pfannenwender oder Spatel vom Boden der Pfanne lösen und vom Pfannenrand zur Mitte schieben. Die Eiermasse so lange weiter erhitzen, bis keine Flüssigkeit mehr vorhanden ist (etwa 5 Minuten). Das Rührei muss weich und großflockig, aber nicht trocken sein.
6. Rührei mit Schnittlauch bestreuen.

Tipp: Rühreier mit Tomatenspalten und Schnittlauchhalmen anrichten.

Mexikanische Rühreier
4 Portionen

Zubereitungszeit: etwa 30 Minuten

3 Knoblauchzehen
1 Zwiebel
4 Fleischtomaten
2 rote Chilischoten
1 rote Paprikaschote
3 EL Olivenöl
8 Eier (Größe M)
Salz
frisch gemahlener Pfeffer
1 Bund Koriander

1. Knoblauch und Zwiebel abziehen, in feine Würfel schneiden.
2. Fleischtomaten kreuzweise einschneiden, kurz in kochendes Wasser tauchen, enthäuten, vierteln, entkernen, in Würfel schneiden.
3. Chilischoten und Paprika waschen, vierteln, Kerngehäuse und die weißen Scheidewände herausschneiden, Schoten in kleine Würfel schneiden.

3 Eiermilch in die Pfanne geben, stocken lassen.

4 Sobald die Masse zu stocken beginnt, sie strichweise mit einem Pfannenwender oder Spatel vom Boden der Pfanne lösen und vom Pfannenrand zur Mitte schieben.

4. Knoblauch und Zwiebeln in Olivenöl anbraten, Chili und Paprika dazugeben, bei geringer Hitze etwa 5 Minuten dünsten.

5. Eier aufschlagen, mit einem Schneebesen verschlagen, mit Salz und Pfeffer würzen. Tomatenwürfel dazugeben. Eier in die Pfanne geben, durchrühren und stocken lassen.

6. Koriander abspülen, trockentupfen, fein hacken, über die Eier streuen und servieren.

Tipp: Anstatt Koriander können Sie auch Petersilie verwenden. Sie können auch kross ausgebratenen Frühstücksspeck dazu servieren.

Eierpfannkuchen

250 g Weizenmehl
4 Eier (Größe M)
375 ml (³/₈ l) Milch
125 ml (¹/₈ l) Mineralwasser
mit Kohlensäure
1 Prise Salz
1 EL Zucker
60–80 g Butterschmalz
oder Speiseöl

1 Mehl in der Rührschüssel mit dem Schneebesen durchrühren.

2 In einer anderen Schüssel Eier mit Milch, Mineralwasser, Salz und Zucker mit Schneebesen verschlagen.

Eierpfannkuchen

Zubereitungszeit: etwa 30 Minuten, ohne Quellzeit

1. Foto **1** Mehl in eine Rührschüssel geben und mit dem Schneebesen durchrühren.

2. Foto **2** In einer anderen Schüssel Eier mit Milch, Mineralwasser, Salz und Zucker mit dem Schneebesen verschlagen.

3. Foto **3** Eiermasse zum Mehl geben und mit dem Schneebesen von innen nach außen verrühren. Dabei darauf achten, dass sich keine Klümpchen bilden. Den Teig 15–30 Minuten stehen lassen.

4. Etwas Fett in einer beschichteten Pfanne erhitzen (Ø etwa 28 cm).

5. Foto **4** Eine Kelle Teig (etwa 125 ml) in die Pfanne geben.

6. Foto **5** Die Pfanne leicht schwenken, damit sich der Teig gleichmäßig auf dem Pfannenboden verteilen kann.

7. Sobald die Pfannkuchenränder goldbraun sind, Foto **6** den Pfannkuchen mit einem Pfannenwender umdrehen und die andere Seite fertig backen. Dafür evtl. noch etwas Butterschmalz oder Öl unter den Pfannkuchen geben.

8. Restlichen Teig auf die gleiche Weise backen. Teig vor jedem Backen umrühren.

Tipp: Frische Pfannkuchen mit Zucker bestreuen und mit frischem Obst belegen oder mit Marmelade oder Kompott bestreichen.
Bereits fertig gebackene Pfannkuchen im Backofen bei 80 °C (Ober-/Unterhitze) oder 60 °C (Heißluft) warm halten. Dabei wenig Zucker auf die Oberfläche streuen, so kleben die übereinander liegenden Pfannkuchen nicht zusammen.

3 Eiermasse zum Mehl geben, von innen nach außen mit Schneebesen verrühren.

4 Mit einer Kelle (etwa 125 ml) Teig in die Pfanne geben.

5 Die Pfanne leicht schwenken, damit sich der Teig gleichmäßig auf dem Pfannenboden verteilen kann.

6 Pfannkuchen mit Pfannenwender umdrehen.

Pancakes
4 Portionen

Zubereitungszeit: etwa 20 Minuten

200 g Weizenmehl
4 gestr. TL Dr. Oetker Backin
30 g Zucker
1 TL Salz
2 Eier (Größe M)
250 g Vollmilchjoghurt, natur
4–5 EL Speiseöl

1. Mehl und Backpulver in eine Rührschüssel geben und mit dem Schneebesen verrühren. Die restlichen Zutaten hinzufügen.

2. Alle Zutaten, bis auf das Öl, mit Handrührgerät mit Rührbesen zu einem Teig verarbeiten.

3. Etwas von dem Öl in einer Pfanne erhitzen.

4. Pro Pancake etwa 2 Esslöffel Teig in die Pfanne geben.

5. Die Pancakes von jeder Seite goldbraun backen.

Tipp: Dazu Ahornsirup reichen und evtl. mit Zitronenmelisse garnieren.

Spargel-Schinken-Omelett

1 kleines Glas gegarte Spargelspitzen (Abtropfgewicht 110 g)
100 g gekochter Schinken
1 EL Butter oder Margarine

4 Eier (Größe M)
1 Prise Salz
20 g Butter oder Margarine
3 Stängel Petersilie

1 Eier und Salz mit Schneebesen verrühren.

2 Die Hälfte des Fetts in eine beschichteten Pfanne geben. Die Hälfte der Eimasse hineingeben.

3 Spargel-Schinken-Masse auf eine Hälfte des Omeletts geben, die andere Hälfte darüber schlagen.

Spargel-Schinken-Omelett (Foto links)
2 Portionen

Zubereitungszeit: etwa 20 Minuten

1. Spargel in einem Sieb abtropfen lassen. Schinken in Würfel schneiden. Butter oder Margarine in einer beschichteten Pfanne zerlassen, Spargel und Schinken darin erhitzen und warm halten.

2. Foto **1** Eier und Salz mit einem Schneebesen verrühren, nicht quirlen.

3. Foto **2** Die Hälfte der Butter oder Margarine in einer Pfanne (Ø etwa 20 cm) erhitzen, die Hälfte der Eiermasse hineingeben und in 4–5 Minuten bei schwacher Hitze stocken lassen.

4. Petersilie abspülen, trockentupfen, Blätter abzupfen und grob hacken.

5. Wenn die untere Seite des Omeletts hell bräunlich gebacken ist (die obere Seite muss weich bleiben), Spargel-Schinken-Masse auf eine Hälfte des Omeletts geben. Foto **3** Die andere Hälfte darüber schlagen. Das Omelett auf einen vorgewärmten Teller gleiten lassen und mit Petersilie bestreuen.

Tipp: Dazu Salat reichen.

Omeletts mit Tomaten und Mozzarella
(Foto rechts), *2 Portionen*

Zubereitungszeit: etwa 40 Minuten

Für die Füllung:
125 g Mozzarella-Käse
2 Tomaten

Für die Omeletts:
6 Eier (Größe M)
1 Prise Salz
1 Prise Paprikapulver edelsüß
30 g Butterschmalz oder 3 EL Speiseöl, z. B. Sonnenblumenöl

2 Basilikumzweige

1. Mozzarella-Käse in ein Sieb geben, abtropfen lassen und in dünne Scheiben schneiden.

2. Tomaten abspülen, abtrocknen, Stängelansätze entfernen. Tomaten in Scheiben schneiden.

3. Für die Omeletts Eier mit Salz und Paprikapulver mit einem Schneebesen verschlagen.

4. Die Hälfte Butterschmalz oder Öl in einer beschichteten Pfanne (Ø 22–24 cm) zerlassen. Die Hälfte der Eiermasse hineingeben und bei schwacher Hitze 4–5 Minuten stocken lassen. Die untere Seite muss hell bräunlich gebacken sein.

5. Das Omelett auf einen vorgewärmten Teller gleiten lassen, die Hälfte der Käse- und Tomatenscheiben daraufgeben, das Omelett zusammenklappen und warm stellen. Das andere Omelett auf die gleiche Weise zubereiten.

6. Basilikumzweige abspülen, trockentupfen und das Omelett damit garnieren.

Tipp: Die Omeletts erst kurz vor dem Anrichten zubereiten. Wenn das Omelett lockerer sein soll, das Eiweiß steif schlagen und unter die Eigelbmasse heben.

Omeletts mit Champignonfüllung
2 Portionen

Zubereitungszeit: etwa 60 Minuten

Für die Füllung:
400 g Champignons
1 Zwiebel
50 g durchwachsener Speck
20 g Butterschmalz oder 2 EL Speiseöl, z. B. Sonnenblumenöl
Salz
frisch gemahlener Pfeffer
50 g Schlagsahne
2 EL gehackte Petersilie

Für die Omeletts:
6 Eier (Größe M)
1 Prise Salz
1 Prise Paprikapulver edelsüß
30 g Butterschmalz oder 3 EL Speiseöl, z. B. Sonnenblumenöl

2 Basilikumzweige

1. Für die Füllung von den Champignons Stielenden und schlechte Stellen abschneiden, Champignons mit Küchenpapier abreiben, eventuell abspülen, trockentupfen und in Scheiben schneiden. Zwiebel abziehen und würfeln. Speck in Würfel schneiden.

2. Butterschmalz oder Öl in einem Topf erhitzen. Speckwürfel darin leicht ausbraten. Zwiebelwürfel und Champignonscheiben hinzufügen, kurz andünsten, mit Salz und Pfeffer würzen und in etwa 8 Minuten bei mittlerer Hitze dünsten, dabei gelegentlich umrühren.

3. Sahne unterrühren, nochmals mit Salz und Pfeffer abschmecken, Petersilie unterrühren und die Füllung warm stellen.

4. Für die Omeletts Eier mit Salz und Paprikapulver mit einem Schneebesen verrühren.

5. Die Hälfte Butterschmalz oder Öl in einer beschichteten Pfanne (Ø 22–24 cm) zerlassen. Die Hälfte der Eiermasse hineingeben und bei schwacher Hitze 4–5 Minuten mit Deckel stocken lassen. Die untere Seite muss bräunlich gebacken sein.

6. Das Omelett auf einen vorgewärmten Teller gleiten lassen, die Hälfte der Pilzfüllung daraufgeben, das Omelett zusammenklappen und warm stellen. Das andere Omelett auf die gleiche Weise zubereiten.

Tipp: Die Omeletts als Hauptgericht mit gemischtem Blattsalat oder Feldsalat servieren.

Ratgeber
Gemüse

Gemüse – bunte und gesunde Vielfalt
Gemüse schmeckt einfach unschlagbar gut, hält gesund und fit. Prall gefüllt mit Ballaststoffen, Kohlenhydraten, Mineralstoffen, Spurenelementen und Vitaminen gehört Gemüse täglich auf den Tisch. Vorausgesetzt, es wird schonend gegart und ist noch schön bissfest. Die Vielzahl der Garten- und Feldgemüse ist so groß, dass sich für jeden Geschmack die richtige Sorte finden lässt. Und wenn nicht als Hauptgericht, dann als Beilage oder in Suppen und Eintöpfen.

Gemüse-Markt
- Viele Gemüsesorten werden ganzjährig angeboten. Bevorzugen sollten Sie einheimisches Gemüse der Saison. Dann ist es besonders aromatisch und preiswert.
- Kaufen Sie möglichst frisches, knackiges Gemüse. Gemüse mit welken Stängeln und Blättern ist nicht mehr frisch.
- Lagern Sie Ihr Gemüse möglichst kurz, damit nur wenige Nähr- und Aromastoffe verloren gehen.
- Legen Sie Gemüse am besten ins Gemüsefach des Kühlschranks oder bewahren Sie es im kühlen Keller auf.
- Tiefgekühlt steht Ihnen das ganze Jahr über eine große Auswahl an Gemüse zur Wahl. Das Gemüse wird erntefrisch eingefroren, daher sind die Nährstoffverluste relativ gering.
- Kaufen Sie Pilze möglichst lose ein. Pilze sind frisch, wenn Stiel und Kappe fest miteinander verbunden sind. Nehmen Sie in Folie verpackte Pilze aus der Verpackung und bewahren diese in einer Papiertüte im Kühlschrank auf.

Auberginen (Eierfrüchte)
Dunkelviolette, ovale Früchte mit glatter Schale. Enthalten Kalzium, Eisen, Vitamin B und C. Vor der Verwendung salzen, um die Bitterstoffe zu entziehen.

Blumenkohl
Fester, weißer bis hellgelber Kopf mit vielen kleinen Röschen. Ballaststoffreich, viel Vitamin C.
Vor dem Garen den Blumenkohl unzerteilt mit dem Kopf nach unten in Salzwasser legen, um evtl. vorhandenes Ungeziefer zu entfernen.

Blattspinat
Sehr vitamin- und mineralstoffreiches Blattgemüse. Harte Stiele entfernen und Spinat gründlich waschen.

Brokkoli
Leicht verdauliche Kohlart mit grünen Köpfen mit kleinen Röschen. Enthält Kalzium, Vitamin A und C.

Bohnen
Viele verschiedene Arten, Farben und Größen. Bohnen niemals roh essen.

Champignons
Zuchtchampignons sind in weiß, rosé oder braun erhältlich. Torfreste am Pilzstängel abschneiden. Sie enthalten das giftige Phasin.

Chicorée
Längliches, weißes, leicht gelb gerändertes Blattgemüse. Reich an Mineralstoffen. Leicht bitter, daher Strunk herausschneiden.

Erbsen
Sorten: Zucker-, Pal- und Markerbsen. Vor dem Zubereiten aus den Schoten lösen.
Zuckerschoten sind flache, hellgrüne Hülsen mit sehr kleinen Erbsen, die im Ganzen verzehrt werden.

Fenchel
Kräftige, gedrungene Knolle mit weißen, fleischigen Blattstielen. Schmeckt nach Anis. Enthält viel Vitamin C und E. Das zarte Fenchelkraut kann mitverwendet werden.

Gurken
Salat- und Schmorgurken sind kalorienarm, reich an Vitaminen und Mineralstoffen. Ungeschält am gehaltvollsten.

Grünkohl
Winterhartes Gemüse mit dunkelgrünen, am Rand gekräuselten Blättern. Liefert als Gemüse das meiste Kalzium sowie Folsäure, Eisen, Vitamin C und Betacarotin. Erst nach dem ersten Frost richtig schmackhaft und bekömmlicher.

Kohlrabi
Glatte, hellgrüne und bläulich-violett gefärbte, feste Knollen. Junge Früchte sind sehr zart, Ältere häufig leicht holzig. Die zarten Blättchen können mitverwendet werden.

Mais
Hoher Zuckergehalt. Maiskolben werden frisch angeboten. Gemüsemais ist tiefgefroren oder als Konserve erhältlich.

Möhren
Gemüse mit höchstem Gehalt an Provitamin A. Etwas Fettzugabe erhöht die Aufnahmefähigkeit für den Körper. Spitz zulaufende, orangene Wurzeln, als Bund- oder Waschmöhren angeboten.

Porree (Lauch)
Zwiebelgewächs, feste, hell- bis dunkelgrüne Blattstangen mit kleinem Wurzelansatz. Porree ist mineralstoffreich und intensiv würzig.

Rosenkohl
Dicke, kräftige Stängel mit walnussgroßen Röschen. Reichhaltiges Wintergemüse mit viel Vitamin C.

Rote Bete
Nähr- und mineralstoffreiches Wurzelgemüse. Dunkelrote Knollen, die sehr stark färben.

Rotkohl (Blaukraut)
Kräftige, pralle Köpfe mit glatten, rotgrünen Blättern. Reich an Eisen, Vitamin C und Ballaststoffen.

Spargel
Kalorienarmes Frühlingsgemüse. Weiße, kräftige Stangen mit weißen, grünen oder violetten Köpfen, die unter der Erde wachsen. Grüner Spargel wächst über der Erde und ist kräftiger im Geschmack.

Spitzkohl
Kegelförmiger, halbfester Kohlkopf. Zarter und feiner als Weißkohl.

Steckrüben
Weiß- bis gelbfleischige pralle Wurzelrüben mit hohem Vitamin- und Mineralstoffanteil.

Tomaten
Rote, feste Früchte von unterschiedlichen Sorten, Formen und Größen. Überwiegend saftiges Kerngehäuse. Für die Verwendung in warmen Gerichten vorher enthäuten. Tomaten nicht zusammen mit Gurken oder Äpfeln aufbewahren.

Weißkohl
Pralle, feste, hell- bis mittelgrüne Kohlköpfe. Das Gemüse mit den höchsten Nährstoffwerten überhaupt. Durch etwas Kümmel, Anis oder Fenchelsamen erhält er einen süßlichen Geschmack und ist leichter verdaulich.

Wirsing
Nährstoffreicher Kohl mit lockeren, leicht gekrausten Blättern von kräftig grüner Farbe.

Zucchini
Dunkelgrüne oder gelbe, gurkenartige Früchte mit festem Fleisch. Kleine Früchte schmecken am besten. Große und ältere Zucchini schälen. Die jungen Blüten sind essbar.

Zwiebeln
Sorten: braune Haushaltszwiebel; mildwürzige Lauch- und Frühlingszwiebel; große, milde Gemüsezwiebel; pikante rote und weiße Zwiebeln; würzige, mäßig scharfe Schalotten.

Gemüse mag es sanft
Viele Gemüsesorten sind sehr empfindlich gegen Luft-, Wärme-, Wasser- und Lichteinwirkung.
Damit keine der wertvollen Nährstoffe verloren gehen, sollten Sie:
- Gemüse erst kurz vor der Zubereitung putzen.
- Gemüse erst vor dem Zerkleinern waschen.
- Gemüse kurz, aber gründlich unter fließendem kalten Wasser abspülen und nie im Wasser liegen lassen.
- Gemüse auf folgende Weise schonend garen:

Dünsten
Zum Dünsten geben Sie das tropfnasse Gemüse mit Gewürzen und evtl. wenig Fett in einen Topf, legen einen gut schließenden Deckel auf und lassen das Gemüse bei schwacher Hitze bissfest garen. Die Geschmacks- und Aromastoffe bleiben erhalten und das Gemüse muss kaum gewürzt werden.

Dämpfen
Zum Dämpfen bedecken Sie den Topfboden mit kochendem Wasser, hängen das Gemüse in einem passenden Siebeinsatz in den Topf und legen einen gut schließenden Deckel auf. Das Wasser erneut zum Kochen bringen. Das Gemüse gart schonend im Wasserdampf.

Kochen
Einige Gemüsesorten müssen gekocht werden. Je nach Sorte geben Sie das Gemüse in kalte (z. B. Kartoffeln) oder kochende Flüssigkeit (z. B. grüne Bohnen).

Gemüse zubereiten – praktische Techniken
Zwiebeln würfeln
Zwiebel abziehen, längs halbieren. Die Zwiebelhälfte mit einem Messer in schmalen Abständen senkrecht einschneiden, dabei die Wurzel aber ganz lassen; dann waagerecht bis zur Wurzel durchschneiden. Die Würfel senkrecht abschneiden.

Paprikaschoten aushöhlen
Einen Deckel abschneiden, innenliegende Scheidewände und Kerne mit einem Löffel entfernen.

Spargel schälen
Weißen Spargel mit einem Sparschäler oder einem scharfen Messer vom Kopf zum Ende hin dünn schälen, dabei darauf achten, dass die Schalen vollständig entfernt, die Köpfe aber nicht verletzt werden. Die Spargelenden und holzige Stellen abschneiden. Grünen Spargel nur im unteren Drittel schälen und die Enden abschneiden.

Tomaten enthäuten
Tomaten waschen, abtropfen lassen, kreuzweise an der oberen Seite einschneiden, kurz in kochendes Wasser legen und in kaltem Wasser abschrecken. Die Haut lässt sich dann leicht abziehen.

Weißer Spargel

1 kg weißer Spargel
500 ml (½ l) Wasser
1 gestr. TL Salz
½ gestr. TL Zucker
1 EL Butter

1 Den weißen Spargel von oben nach unten schälen (2–3 cm von der Spitze beginnend).

2 Die unteren Enden abschneiden (holzige Stellen vollkommen wegschneiden).

3 Wasser mit Salz, Zucker und Butter in einem weiten Topf zum Kochen bringen, den Spargel hinzugeben.

Weißer Spargel
4 Portionen

Zubereitungszeit: etwa 75 Minuten

1. Foto **1** Den Spargel von oben nach unten schälen (2–3 cm von der Spitze beginnend). Darauf achten, dass die Schalen vollständig entfernt, die Köpfe aber nicht verletzt werden.

2. Foto **2** Die unteren Enden abschneiden (holzige Stellen vollkommen wegschneiden). Den Spargel kalt abspülen und abtropfen lassen.

3. Foto **3** Wasser mit Salz, Zucker und Butter in einem weiten Topf zum Kochen bringen. Den Spargel hinzugeben, zum Kochen bringen und 15–20 Minuten garen.

4. Foto **4** Den Spargel mit einer Schaumkelle herausnehmen, abtropfen lassen und auf eine vorgewärmte Platte legen.

Tipp: Der Spargel ist gar, wenn er biegsam ist.
Servieren Sie dazu fein geschnittenen Parmaschinken oder Schnitzel, eine Sauce Hollandaise und Salzkartoffeln.

Grüner Spargel
4 Portionen

Zubereitungszeit: etwa 60 Minuten

1 kg grüner Spargel
500 ml (½ l) Wasser
1 gestr. TL Salz
½ gestr. TL Zucker
1 EL Butter

1. Foto **5** Von dem grünen Spargel nur das untere Drittel schälen und die Enden abschneiden. Waschen und abtropfen lassen.

Grüner Spargel

4 Den Spargel mit einer Schaumkelle herausnehmen, abtropfen lassen und auf eine vorgewärmte Platte legen.

5 Von dem grünen Spargel nur das untere Drittel schälen und die Enden abschneiden.

2. Wasser mit Salz, Zucker und Butter in einem weiten Topf zum Kochen bringen. Den grünen Spargel hinzugeben, zum Kochen bringen und 12–15 Minuten garen.

3. Den Spargel mit einer Schaumkelle herausnehmen, abtropfen lassen und auf eine vorgewärmte Platte legen.

Blumenkohl, klassisch
4 Portionen

Zubereitungszeit: etwa 30 Minuten

750 ml (³/₄ l) Wasser
2–3 Bio-Zitronenscheiben (unbehandelt, ungewachst)
2 kleine Köpfe Blumenkohl (je etwa 500 g) oder
1 großer Kopf (800–1000 g)
2 TL Salz
50 g Butter
4 EL Semmelbrösel

1. Wasser mit den Zitronenscheiben in einem großen Topf mit Deckel zum Kochen bringen.

2. Blätter und Strunk vom Blumenkohl abschneiden und die schlechten Stellen entfernen. Blumenkohl unter fließendem kalten Wasser gründlich abspülen und abtropfen lassen.

3. Blumenkohl mit dem Strunk nach unten in das kochende Wasser geben, Salz hinzufügen, zum Kochen bringen und bei schwacher Hitze in 20–25 Minuten gar kochen.

4. Blumenkohl mit einem Schaumlöffel aus der Flüssigkeit nehmen, auf eine vorgewärmte Platte geben und warm stellen.

5. Butter in einer kleinen Pfanne zerlassen, Semmelbrösel unter Rühren darin leicht bräunen lassen, über den Blumenkohl geben und sofort servieren.

Tipp: Sie können den Blumenkohl auch in Röschen zerteilen und garen. Dann verringert sich die Garzeit auf 10–15 Minuten. Dazu passt auch sehr gut eine Béchamelsauce.

Brokkoli
4 Portionen

750 g Brokkoli putzen und die Blätter entfernen. Brokkoli in Röschen teilen. Den Strunk schälen. Röschen und Strunk waschen, abtropfen lassen. Den Strunk in etwa 1 cm breite Streifen schneiden. 1 Liter Salzwasser in einem weiten Topf zum Kochen bringen. Brokkoliröschen und Brokkolistreifen hinzufügen, zum Kochen bringen und zugedeckt bei schwacher Hitze etwa 10 Minuten bissfest garen. Brokkoli abgießen und nach Belieben in 20 g Butter schwenken oder mit Béchamelsauce servieren.

Blattspinat

1 kg Blattspinat
2 mittelgroße Zwiebeln
1–2 Knoblauchzehen
6 EL Olivenöl
Salz
frisch gemahlener Pfeffer
frisch geriebene Muskatnuss

1 Spinat verlesen. Die Wurzelenden und dicken Stängel entfernen.

2 Spinat gründlich waschen und in einer Salatschleuder trockenschleudern.

3 Olivenöl in einem weiten Topf erhitzen, Zwiebel- und Knoblauchwürfel darin unter Rühren mit einem Löffel andünsten.

Spinat tropfnass hinzufügen.

Spinat mit Salz, Pfeffer und Muskat abschmecken.

Blattspinat
4 Portionen

Zubereitungszeit: etwa 25 Minuten

1. Foto 1 Spinat verlesen. Die Wurzelenden und dicken Stängel entfernen.

2. Foto 2 Spinat gründlich waschen und in einer Salatschleuder schleudern.

3. Zwiebeln und Knoblauch abziehen, in kleine Würfel schneiden.

4. Foto 3 Olivenöl in einem weiten Topf erhitzen, Zwiebel- und Knoblauchwürfel darin unter Rühren mit einem Löffel andünsten.

5. Foto 4 Den Spinat tropfnass hinzufügen. Mit Salz, Pfeffer und Muskat würzen.

6. Spinat mit geschlossenem Deckel bei schwacher Hitze 5–10 Minuten garen lassen, bis der Spinat zusammengefallen ist.

7. Spinat vorsichtig umrühren. Foto 5 Mit Salz, Pfeffer und Muskat abschmecken.

Tipp: Den Spinat zu gekochten Eiern, Spiegeleiern, gedünstetem Fisch oder kurz gebratenem Fleisch reichen.
Statt frischem Spinat können Sie auch TK-Blattspinat verwenden. Die Garzeit kann sich dabei um etwa 5 Minuten verlängern (Packungsanleitung beachten). 1 Packung (450 g) entspricht etwa 1 kg frischem Spinat.

Fenchel mit Butter und Parmesan
8 Portionen

Zubereitungszeit: etwa 25 Minuten

4 große Fenchelknollen
100 g Butter
½ TL Salz
frisch gemahlener, grober, schwarzer Pfeffer
4 EL weißer Balsamico-Essig
100 ml Wasser
100 g Parmesan- oder Pecorino-Käse

1. Von den Fenchelknollen die Stiele dicht oberhalb der Knollen abschneiden, braune Stellen und Blätter entfernen, die Wurzelenden gerade schneiden. Die Knollen abspülen, abtropfen lassen und vierteln. Das helle zarte Fenchelgrün zum Garnieren beiseite legen.

2. Den Fenchel in etwas zerlassener Butter dünsten, mit Salz und Pfeffer würzen und mit Balsamico-Essig ablöschen. Wasser hinzugeben und den Fenchel zugedeckt in etwa 10 Minuten knackig dünsten, zwischendurch wenden.

3. Das Fenchelgrün abspülen, fein schneiden und vor dem Anrichten über den Fenchel streuen.

4. Parmesan oder Pecorino-Käse grob raspeln oder reiben und den Fenchel damit bestreuen.

Tipp: Fenchel als Vorspeise oder zu kurz gebratenem Fleisch oder Fisch reichen.
Den gebratenen Fenchel mit etwas Weißwein in eine gefettete Auflaufform geben, Semmelbrösel und geriebenen Käse darüber streuen und im vorgeheizten Backofen bei etwa 200 °C (Heißluft etwa 180 °C) etwa 10 Minuten überbacken.

Gedämpfte Gemüse mit Zitronensahne

1250 g gemischtes Gemüse, z. B. Möhren, Zuckerschoten, Bohnen, Kohlrabi, Staudensellerie
Schale von 1 Bio-Zitrone (unbehandelt, ungewachst)
500 ml (½ l) Wasser

Für die Sauce:
50 g Butter
2 EL Zitronensaft
Salz
frisch gemahlener Pfeffer
200 g Schlagsahne
2 EL frisch gehackter Kerbel oder 2–3 EL Schnittlauchröllchen

1 Geschälte Möhren in längliche Viertel schneiden.

2 Von den Zuckerschoten und Bohnen die Enden abschneiden, dabei eventuell die seitlichen Fäden mit abziehen.

Gedämpfte Gemüse mit Zitronensahne
4 Portionen

Zubereitungszeit: 45 Minuten

1. Das Gemüse putzen, abspülen, erst dann zerschneiden.

2. Die Möhren schälen, Foto **1** in längliche Viertel schneiden.

3. Foto **2** Von den Zuckerschoten und Bohnen die Enden abschneiden, dabei eventuell die seitlichen Fäden mit abziehen.

4. Kohlrabi schälen, Foto **3** zuerst in Scheiben und dann in Streifen schneiden.

5. Foto **4** Vom Staudensellerie evtl. die harten Fäden abziehen, den Sellerie in Stücke schneiden (das restliche Gemüse in Klarsichtfolie verpackt kühl lagern und z. B. für Rohkost verwenden).

6. Foto **5** Für die Sauce die Zitronenschale mit einem Sparschäler hauchdünn abschälen (es darf keine weiße Haut mit abgeschält werden, sonst wird die Zitronenschale bitter), kurz in kochendes Wasser legen, danach kalt abspülen. Dann die Schale in feine Streifen schneiden.

7. Das Zitronenwasser in einem flachen Topf erhitzen.

8. Foto **6** Das Gemüse nebeneinander in einen Dämpfeinsatz über das kochende Zitronenwasser stellen, mit einem Deckel zudecken. Dann 10 Minuten dämpfen.

9. Inzwischen die Butter schmelzen. Zitronensaft, Zitronenschale, Salz und Pfeffer zufügen. Dann die halbsteif geschlagene Sahne zugießen, dabei die Sauce mit einem Schneebesen kräftig aufschlagen.

10. Das Gemüse auf einem heißen Teller anordnen, mit Kräutern bestreuen und mit der Sauce übergießen.

Beilage: Junge Kartoffeln, Reis oder kleine gebratene Kartoffelpuffer, kurz gebratenes Fleisch.

Tipp: Sie können dieses Rezept ebenso gut mit nur einer Gemüsesorte zubereiten. Für Gäste (Mengen entsprechend vergrößern) ist dagegen eine bunte Gemüseplatte dekorativ und lecker.

3
Geschälte Kohlrabi erst in Scheiben, dann in Streifen schneiden.

4
Vom Staudensellerie die harten Fäden abziehen.

5
Zitronenschale mit einem Sparschäler hauchdünn abschälen.

6
Gemüse in einem Dämpfeinsatz dämpfen.

Gedünsteter Mangold
4 Portionen

Zubereitungszeit: etwa 35 Minuten

1 kg Mangold
1 Stängel Liebstöckel
2 Zwiebeln
3 Knoblauchzehen
4 EL Speiseöl
evtl. 100 ml Wasser oder Gemüsebrühe
Salz
frisch gemahlener Pfeffer
1 Becher (200 g) Schmand

1. Mangold verlesen, waschen, die Blätter in grobe Streifen schneiden, evtl. die Haut von den Stängeln abziehen. Die Stängel in Stücke oder Streifen schneiden.
2. Den Liebstöckel abspülen, trockentupfen, die Blätter von den Stängeln zupfen und fein hacken.
3. Zwiebeln und Knoblauchzehen abziehen und fein würfeln. Speiseöl in einem breiten Kochtopf erhitzen. Mangold, gehackten Liebstöckel, Zwiebeln und Knoblauchwürfel hinzufügen, evtl. etwas Wasser oder Brühe hinzufügen.
4. Zugedeckt bei schwacher Hitze 8–10 Minuten garen, mit Salz und Pfeffer abschmecken.
5. Schmand kurz vor dem Servieren über das Gemüse geben.

Tipp: Den Mangold zu Steaks oder Fisch reichen.

Beilage: Salzkartoffeln.

Ratatouille

1 Gemüsezwiebel
2 Knoblauchzehen
je 1 rote, grüne und gelbe
Paprikaschote (je 150 g)
2 Zucchini (je 200 g)
1 Aubergine (250 g)
1 kleiner Stängel Rosmarin
1 kleines Bund Thymian
4 EL Olivenöl
1 Lorbeerblatt
1 Dose geschälte Tomaten
(Einwaage 800 g)
Salz
frisch gemahlener Pfeffer

1 Paprika entkernen und weiße Scheidewände entfernen.

2 Von der Aubergine die Enden abschneiden.

3 Aubergine und Zucchini in Würfel schneiden.

Ratatouille
6–8 Portionen

Zubereitungszeit: etwa 40 Minuten

1. Zwiebel und Knoblauch abziehen. Zwiebel zuerst halbieren, dann in schmale Streifen schneiden. Knoblauch in kleine Würfel schneiden.

2. Paprika halbieren, entstielen, Foto 1 entkernen und die weißen Scheidewände entfernen. Schoten abspülen, abtrocknen und in Stücke schneiden.

3. Von den Zucchini und Foto 2 der Aubergine die Enden abschneiden. Zucchini und Aubergine abspülen und abtrocknen.

4. Zucchini und Aubergine erst längs in Scheiben, dann längs in Streifen und Foto 3 dann in Würfel schneiden.

5. Foto 4 Rosmarinnadeln und Thymianblättchen gegen die Wuchsrichtung von den Stängeln streifen, abspülen und trockentupfen. Kräuter grob hacken.

6. Jeweils etwas von dem Olivenöl in einem Topf erhitzen. Foto 5 Die vorbereiteten Gemüsesorten getrennt in dem heißem Olivenöl anbraten. Das angebratene Gemüse mit dem Lorbeerblatt in einen großen Topf geben.

7. Tomatendose öffnen, etwas Sud ins Gemüse geben, Rest mit einem Schneidstab pürieren und unterrühren. Zum Kochen bringen. Bei schwacher Hitze 10–15 Minuten zugedeckt weiter köcheln lassen. Hin und wieder umrühren.

8. Mit Salz, Pfeffer, Rosmarin und Thymian würzen.

Tipp: Ratatouille eignet sich als Beilage zu Lammgerichten oder als eigenständiges Gericht, das warm oder kalt mit warmem Baguette serviert wird. Ratatouille grob gehackt auf gerösteten Baguettescheiben als kleinen Appetizer servieren. Oder in flachen Portions-Förmchen mit Schaf- oder Ziegenkäse überbacken.

Rosmarinnadeln und Thymianblättchen gegen die Wuchsrichtung von den Stängeln streifen.

Auberginen und Zucchiniwürfel getrennt in Speiseöl anbraten.

Gemüsetopf, gedünstet
4 Portionen

Zubereitungszeit: etwa 100 Minuten, ohne Abkühlzeit

500 g kleine, fest kochende Kartoffeln
Wasser
Salz
250 g kleine weiße Champignons
200 g kleine Schalotten (ersatzweise kleine Zwiebeln)
400 g Zucchini
250 g Cocktailtomaten
300 g Staudensellerie
4 EL Speiseöl
frisch gemahlener Pfeffer
2 EL Rohrzucker (ersatzweise Zucker)
2 EL Balsamico-Essig
1 EL Sojasauce
300 ml Gemüsebrühe

1 Bund glatte Petersilie

1. Kartoffeln gründlich waschen und bürsten. Wasser mit Salz in einem Topf zum Kochen bringen. Kartoffeln hinzugeben und zugedeckt etwa 15 Minuten kochen lassen (die Kartoffeln sollten noch Biss haben). Kartoffeln abgießen und abkühlen lassen.

2. Champignons putzen, mit Küchenpapier abreiben, evtl. abspülen und trockentupfen. Schalotten oder Zwiebeln abziehen.

3. Zucchini abspülen, abtrocknen und die Enden abschneiden. Zucchini erst längs in Scheiben, dann in Streifen, zuletzt in Würfel schneiden. Cocktailtomaten abspülen und abtropfen lassen, halbieren und evtl. Stängelansätze entfernen.

4. Staudensellerie putzen und die harten Außenfäden abziehen. Sellerie abspülen, abtropfen lassen und in Stücke schneiden.

5. Wasser in einem Topf zum Kochen bringen, Salz und Schalotten hinzugeben und etwa 5 Minuten blanchieren. Mit einem Schaumlöffel herausnehmen, in ein Sieb geben, mit kaltem Wasser übergießen und abtropfen lassen. Salzwasser wieder zum Kochen bringen, Selleriestücke etwa 3 Minuten darin blanchieren, in ein Sieb geben, mit kaltem Wasser übergießen und abtropfen lassen.

6. Speiseöl in einer großen Pfanne erhitzen. Zuerst die Schalotten, dann Kartoffeln, Selleriestücke, Zucchiniwürfel und Champignons darin andünsten, evtl. in mehreren Portionen. Tomatenhälften hinzugeben. Mit Salz und Pfeffer würzen. Rohrzucker darüber streuen und unter Rühren karamellisieren lassen. Essig und Sojasauce unterrühren. Brühe hinzugießen.

7. Den Gemüsetopf zum Kochen bringen und zugedeckt bei mittlerer Hitze etwa 10 Minuten dünsten lassen.

8. Petersilie abspülen und trockentupfen. Die Blättchen von den Stängeln zupfen. Blättchen fein hacken. Den Gemüsetopf mit Petersilie bestreut servieren.

Tipp: Den Gemüsetopf zusätzlich mit Cashewkernen und Sesamsamen bestreuen.

Gemüse mit chinesischen Nudeln aus dem Wok

Für die Würzsauce:
2 EL helle Sojasauce
Saft von 1 Limette
2 EL Kokosmilch
1 TL Currypulver

Für das Gemüse:
2 Möhren
je 1 grüne und gelbe Zucchini
2 gelbe Paprikaschoten
2 Chilischoten

1 Knoblauchzehe
20 g Ingwer
1–2 Stängel Basilikum
4 EL Speiseöl
100 g Wok-Nudeln
(ohne Vorkochen)
170 ml Gemüsebrühe

Salz
Zucker

Sojasauce, Limettensaft, Kokosmilch und Currypulver verrühren.

Möhren schräg in Scheiben schneiden.

Gemüse mit chinesischen Nudeln aus dem Wok
4 Portionen – Wok oder große Pfanne

Zubereitungszeit: etwa 45 Minuten

1. Foto 1 Für die Sauce Sojasauce, Limettensaft, Kokosmilch und Curry in einer kleinen Schüssel mit einem Schneebesen verrühren.

2. Für das Gemüse Möhren putzen, schälen, abspülen, abtropfen lassen.

3. Foto 2 Möhren schräg in Scheiben schneiden. Zucchini abspülen, abtrocknen und die Enden abschneiden. Zucchini halbieren und in etwas dickere Scheiben schneiden.

4. Paprika halbieren, entstielen, entkernen und die weißen Scheidewände entfernen. Die Schoten abspülen, trockentupfen und in Streifen schneiden. Chilischoten abspülen, trockentupfen, entkernen und in schräge Ringe schneiden. Knoblauch abziehen und fein hacken. Ingwer schälen und in kleine Würfel schneiden. Basilikum abspülen und trockentupfen. Die Blättchen von den Stängeln zupfen, Blättchen in Streifen schneiden.

5. Speiseöl in einem Wok erhitzen. Foto 3 Knoblauch und Ingwerwürfel darin andünsten.

6. Foto 4 Möhren und Zucchinischeiben hinzugeben, unter ständigem Rühren etwa 3 Minuten braten. Chiliringe unterrühren und weitere 2 Minuten mit braten lassen.

7. Foto 5 Würzsauce, Wok-Nudeln und Gemüsebrühe hinzugeben, zum Kochen bringen.

8. Das Gemüse unter mehrmaligem Wenden bissfest garen. Mit Salz und Zucker abschmecken.

9. Foto 6 Basilikumstreifen unterheben.

10. Die Gemüsenudeln auf einer Platte oder in Schälchen anrichten und sofort servieren.

Tipp: Geputzten Mangold und Chinakohl waschen, trockentupfen, in Streifen schneiden und kurz in kochendem Salzwasser blanchieren. Gemüsestreifen in kaltem Wasser abschrecken, zusammen mit den Chilischoten-Ringen unter die Gemüsenudeln rühren und mitbraten lassen.

3 Knoblauch- und Ingwerwürfel in erhitztem Öl in einem Wok andünsten.

4 Möhren und Zucchinischeiben hinzugeben, unter ständigem Rühren etwa 3 Minuten braten.

5 Wok-Nudeln zu dem Gemüse geben.

6 Basilikumstreifen unterheben.

Champignongemüse mit Rucola
4 Portionen

Zubereitungszeit: etwa 90 Minuten

4 Zwiebeln
1–2 Knoblauchzehen
500 g braune Champignons
300 g weiße Champignons
2 EL Olivenöl
1 TL Weizenmehl
200 g Schlagsahne
1 kleines Bund Rucola (40 g)
Salz
frisch gemahlener Pfeffer

1. Zwiebeln und Knoblauch abziehen. Zwiebeln in Spalten, Knoblauch in dünne Scheiben schneiden. Beide Champignonsorten putzen, mit Küchenpapier abreiben, evtl. abspülen und je nach Größe halbieren oder vierteln.

2. Öl in einer großen Pfanne erhitzen. Zwiebeln und Knoblauch kurz andünsten, bis sie hellgelb sind. Die Champignons in zwei Portionen darin andünsten.

3. Alle Champignons in die Pfanne geben, das Mehl darüber streuen. Kurz andünsten. Die Sahne hinzugießen, mit einem Kochlöffel umrühren. Die Champignons 5 Minuten in der Sahne kochen lassen.

4. In der Zwischenzeit Rucola von gelben Blättern und dicken Stielen befreien, waschen, trockenschleudern und klein schneiden.

5. Das Champignongemüse mit Salz und Pfeffer abschmecken. Rucola unterheben und sofort servieren.

Tipp: Das Champignongemüse als Vorspeise auf Toast oder als Beilage zu kurz gebratenem Fleisch servieren. Für einen fleischlosen Snack Kartoffelpuffer dazu reichen.

Frühlingsgratin

1,25 kg gemischtes Gemüse
z.B. Kohlrabi, Möhren, Brokkoli, Blumenkohl, grüner und weißer Spargel
1 l Wasser, 1 TL Salz
1 Knoblauchzehe
200 g Schlagsahne
2 Eier (Größe M)
Salz, frisch gemahlener Pfeffer
geriebene Muskatnuss
100 g geriebener
Emmentaler-Käse
50 g geriebener
Parmesan-Käse

Brokkolistängel schälen.

Gemüse 2–3 Minuten in Salzwasser kochen (blanchieren).

Gemüse in ein Küchensieb geben, abtropfen lassen.

Frühlingsgratin
4–6 Portionen – Auflaufform, Butter zum Fetten der Form

Zubereitungszeit: etwa 30 Minuten

1. Backofen auf 180 °C (Heißluft 160 °C) vorheizen.

2. Kohlrabi und Möhren putzen, schälen, abspülen. Kleine Kohlrabiblätter zur Seite legen. Kohlrabi in Scheiben, Möhren in Stücke schneiden. Brokkoli und Blumenkohl putzen und in kleine Röschen teilen.

3. Foto **1** Brokkolistängel schälen.

4. Spargel schälen und untere Enden abschneiden (grünen Spargel nur im unteren Drittel schälen). Spargel in Stücke schneiden.

5. Foto **2** Gemüse 2–3 Minuten in Salzwasser kochen (blanchieren).

6. Foto **3** Gemüse in ein Küchensieb geben, abtropfen lassen.

7. Foto **4** Das Gemüse in eine große, gefettete Auflaufform einschichten.

8. Knoblauch abziehen, durch eine Knoblauchpresse drücken oder fein hacken.

9. Foto **5** Sahne und Eier in einem Litermaß mit einem Schneebesen verquirlen, mit Salz, Pfeffer und Muskatnuss abschmecken.

10. Foto **6** Eiersahne über das Gemüse gießen.

11. Foto **7** Emmentaler- und Parmesan-Käse darüber streuen.

12. Das Gratin auf dem Rost in den Backofen schieben.

Ober-/Unterhitze: etwa 180 °C (vorgeheizt)
Heißluft: etwa 160 °C (vorgeheizt)
Garzeit: 20–30 Minuten.

13. Kohlrabiblättchen auf einem Brett fein hacken. Gratin damit bestreuen.

Tipp: Je nach Jahreszeit kann man auch andere Gemüsesorten verwenden.

4. Das Gemüse in eine große, gefettete Auflaufform einschichten.

5. Sahne und Milch im Litermaß mit einem Schneebesen verquirlen.

6. Eiersahne über das Gemüse gießen.

7. Emmentaler- und Parmesan-Käse über das Gemüse streuen.

Vegetarische Moussaka
6 Portionen – Auflaufforn, Fett für die Form

Zubereitungszeit: etwa 40 Minuten

2 Zwiebeln (je 40 g)
2 Knoblauchzehen
3 Zucchini (je 250 g)
5 Tomaten
1 Zweig Thymian
1 Zweig Rosmarin
3 große Auberginen (je 400 g)
Salz
bunter Pfeffer
3 EL Weizenmehl
150 ml Olivenöl
100 g geriebener Parmesan-Käse

1. Zwiebeln und Knoblauch abziehen und in feine Würfel schneiden. Zucchini abspülen, trockentupfen. Von den Zucchini die Enden abschneiden. Die Zucchini in Würfel schneiden.

2. Tomaten abspülen, abtropfen lassen und die Stängelansätze herausschneiden. Die Tomaten entkernen und in Würfel schneiden.

3. Kräuter abspülen, trockentupfen, Blättchen bzw. Nadeln von den Stängeln zupfen.

4. Auberginen abspülen, trockentupfen und die Enden abschneiden. Die Auberginen in Scheiben schneiden. Auberginen mit Salz, Pfeffer und Knoblauch würzen, in Mehl wälzen und portionsweise in Olivenöl braten.

5. Die gebratenen Auberginenscheiben in einer Auflaufform fächerförmig anrichten und warm stellen.

6. Backofen auf 200 °C (Heißluft 180 °C) vorheizen.

7. Zwiebelwürfel in 4 Esslöffeln Olivenöl glasig dünsten, Zucchiniwürfel, Tomatenwürfel und gehackte Kräuter dazugeben. Mit Salz, Pfeffer und Knoblauch würzen und noch einige Minuten dünsten lassen.

8. Zum Schluss die Gemüsemischung zwischen die Auberginenscheiben füllen, mit geriebenem Parmesan-Käse bestreuen und auf dem Rost in den Backofen schieben.

Ober-/Unterhitze: etwa 200 °C (vorgeheizt)
Heißluft: etwa 180 °C (vorgeheizt)
Garzeit: etwa 20 Minuten.

Sauerkraut

2 Zwiebeln (80 g)
3 EL Speiseöl
750 g Sauerkraut
1 Lorbeerblatt
4 Wacholderbeeren
6 Pfefferkörner
250 ml (¼ l) Wasser,
Weißwein oder Cidre
1 rohe Kartoffel
Salz
frisch gemahlener Pfeffer
etwas Zucker

Gewürfelte Zwiebeln in Speiseöl in flachem Topf andünsten.

Sauerkraut in den Topf geben, mit einer Gabel zerpflücken und mit andünsten.

Gewürze hinzufügen.   Kartoffel reiben und zum Sauerkraut geben.

Sauerkraut
4 Portionen

Zubereitungszeit: etwa 60 Minuten

1. Zwiebeln abziehen und in kleine Würfel schneiden.
2. Öl in einem breiten flachen Topf zerlassen, Foto 1 Zwiebelwürfel darin andünsten.
3. Foto 2 Sauerkraut zu den Zwiebeln geben, mit einer Gabel zerpflücken und mit andünsten.
4. Foto 3 Lorbeerblatt, Wacholderbeeren, Pfefferkörner, Wasser, Weißwein oder Cidre hinzufügen, zum Kochen bringen und zugedeckt 30–40 Minuten garen.
5. Kartoffel waschen, schälen und abspülen.
6. Foto 4 Kartoffel etwa 10 Minuten vor Ende der Garzeit auf einer Küchenreibe fein reiben, direkt zum Sauerkraut geben und mitgaren lassen. Sauerkraut mit Salz, Pfeffer und Zucker abschmecken.

Tipp: Durch die Kartoffel wird das Sauerkraut sämiger, sie bindet die Flüssigkeit.
Das Sauerkraut zu kleinen Nürnberger Bratwürstchen aus der Pfanne und Kartoffelpüree servieren.

Spitzkohl-Fleischwurst-Pfanne mit Spätzle
4 Portionen

Zubereitungszeit: etwa 30 Minuten

1 Knoblauchzehe
1 große Zwiebel (100 g)
1 kleiner Spitzkohl (etwa 700 g)
400 g Fleischwurst
3 EL Speiseöl
125 ml (⅛ l) Fleischbrühe
100 g Schlagsahne
Salz
frisch gemahlener Pfeffer
evtl. Kümmelsamen
1 Pck. (etwa 380 g) frische Spätzle (aus dem Kühlregal)

1. Knoblauch und Zwiebel abziehen, würfeln.
2. Den Spitzkohl vierteln, den Strunk herausschneiden, Spitzkohl in Streifen schneiden. Kohl kurz abspülen und abtropfen lassen.
3. Die Fleischwurst enthäuten, in grobe Streifen schneiden.
4. Knoblauch und Zwiebeln in erhitztem Öl in einem großen flachen Topf andünsten. Die Kohlstreifen hinzufügen und mit andünsten.
5. Brühe und Sahne hinzufügen, einmal aufkochen und in 5 Minuten zugedeckt bissfest garen.
6. Mit den Gewürzen bestreuen. Die Spätzle hinzufügen.
7. Die Fleischwurst hinzufügen und etwa 5 Minuten erhitzen. Das Gericht evtl. nochmals abschmecken.

Tipp: Wenn Sie keine Spätzle aus dem Kühlregal bekommen, können sie auch 200 g getrocknete Spätzle verwenden, die Sie nach Packungsanleitung kochen und abgetropft hinzufügen. Sie können statt Spitzkohl auch Weißkohl oder Wirsing verwenden. Sehr gut schmeckt die Pfanne auch mit Streifen von Leberkäse statt der Fleischwurst. Sie können als Gewürz auch zusätzlich einen Teelöffel mittelscharfen Senf hinzufügen.

Gefüllte Paprikaschoten

4 große Paprikaschoten
(etwa 1 kg)

Für die Füllung:
50 g Langkornreis (parboiled)
125 ml (⅛ l) Wasser
Salz
1 kleine Zwiebel
375 g Hackfleisch (halb Rind-,
halb Schweinefleisch)
1 Ei (Größe M)
frisch gemahlener Pfeffer

Für die Sauce:
2 Gemüsezwiebeln (je 125 g)
1 Knoblauchzehe
1 Thymianzstängel
4 EL Olivenöl
1 kleine Dose geschälte
Tomaten
125 ml (⅛ l) Gemüsebrühe
1 Prise Salz
Zucker
Zitronensaft

1 Von den Paprikaschoten einen Deckel abschneiden.

2 Reis in kochendem Wasser dünsten, restliches Wasser bei offenem Deckel verdunsten lassen.

Gefüllte Paprikaschoten
4 Portionen

Zubereitungszeit: etwa 70 Minuten

1. Foto **1** Von den Paprikaschoten einen Deckel abschneiden. Schoten entkernen und die weißen Scheidewände entfernen. Schoten waschen und abtrocknen. Den abgeschnittenen Deckel abspülen und trockentupfen.

2. Für die Füllung 125 ml Wasser zum Kochen bringen. Foto **2** Reis darin dünsten, restliches Wasser bei offenem Deckel verdunsten lassen (der Reis muss noch körnig sein).

3. Zwiebel abziehen und in kleine Würfel schneiden.

4. Foto **3** Hackfleisch in eine Schüssel geben. Reis, Zwiebelwürfel und Ei unterarbeiten. Die Hackfleischmasse mit Salz und Pfeffer abschmecken.

5. Foto **4** Die Paprikaschoten mit der Hackfleischmasse füllen.

6. Für die Sauce Zwiebeln abziehen und klein würfeln. Knoblauchzehe abziehen, fein hacken. Thymianstängel abspülen und trockentupfen. Olivenöl in einem weiten Topf erhitzen, Zwiebel- und Knoblauchwürfel und Thymian darin andünsten.

7. Foto **5** Gefüllte Paprikaschoten nebeneinander in einen flachen Topf stellen. Den abgeschnittenen Deckel auf die Füllung legen, die Paprikaschoten etwa 20 Minuten garen.

8. Die Tomatenmasse in die Zwischenräume der Paprikaschoten geben. Brühe hinzugießen und zum Kochen bringen. Paprikaschoten zugedeckt weitere 25 Minuten dünsten.

9. Die Paprikaschoten herausnehmen, auf einer vorgewärmten Platte anrichten und warm stellen.

10. Den Thymianstängel herausnehmen. Foto **6** Den Tomatensud mit dem Schneidstab pürieren. Die Sauce mit Salz, Zucker und Zitronensaft abschmecken.

3 Hackfleisch in einer Schüssel mit den übrigen Zutaten mit einem Rührlöffel vermengen.

4 Paprikaschoten mit einem Esslöffel mit der Hackfleischmasse füllen.

5 Gefüllte Paprika nebeneinander in einen flachen Topf stellen.

6 Tomatensud mit dem Schneidstab pürieren.

Kohlrouladen
4 Portionen

Zubereitungszeit: etwa 75 Minuten

1 großer Weißkohl

Für die Füllung:
1 Brötchen (vom Vortag)
1 mittelgroße Zwiebel
1 Ei (Größe M)
1 TL mittelscharfer Senf
375 g Hackfleisch (halb Rind-, halb Schweinefleisch)
etwas Salz
frisch gemahlener Pfeffer
50 g Butterschmalz oder 4 EL Speiseöl
250 ml (¼ l) Gemüsebrühe
etwas Saucenbinder

1. Den Strunk aus dem Kohl herausschneiden, Kohl 1–2 Minuten in kochendes Salzwasser legen, bis sich die äußeren Blätter lösen lassen. 1–2 Blätter ablösen und den Vorgang wiederholen, bis etwa 12 große Blätter gelöst sind. Dicke Blattrippen flach schneiden.

2. Für die Füllung Brötchen in kaltem Wasser einweichen, gut ausdrücken und klein zupfen. Zwiebel abziehen, würfeln. Beide Zutaten mit Ei, Senf und Hackfleisch vermengen, mit Salz und Pfeffer würzen.

3. Je 2–3 Kohlblätter übereinander legen, jeweils auf das untere Drittel die Füllung geben, Blätter aufrollen, Rouladen mit einem Faden oder mit Rouladennadeln zusammenhalten.

4. Butterschmalz oder Speiseöl erhitzen, die Rouladen von allen Seiten kräftig darin anbraten, Brühe hinzugießen, Rouladen zugedeckt etwa 45 Minuten schmoren lassen und ab und zu wenden.

5. Wenn die Rouladen gar sind, sie aus der Brühe nehmen und die Fäden (Rouladennadeln) entfernen und die Kohlrouladen warm stellen.

6. Flüssigkeit mit Saucenbinder binden und unter Rühren aufkochen. Die Sauce mit etwas Salz abschmecken.

Tipp: Die Kohlrouladen kräftig anbraten, so wird die Sauce besonders schmackhaft.

Ratgeber
Kartoffeln, Reis & Teigwaren

Kartoffeln
Die Kartoffel – vom Nachtschattengewächs zur Küchenkönigin

Keine ist wie sie: Die Kombination aller Inhaltsstoffe krönt die Kartoffel zum einzigartig gesunden Nahrungsmittel. Vitamine, Mineral-, Nähr- und Ballaststoffe – es steckt alles drin und ein Schlankmacher ist sie außerdem. Kartoffeln haben fünfmal weniger Kalorien als Reis oder Nudeln. Wer seine Kartoffelgerichte möglichst fettarm und schonend zubereitet, nutzt die Nährwerte am besten. Zum Garen daher immer nur wenig Wasser verwenden.

Knollen mit Kaliber – auf die Sorte kommt es an

Ihr Kartoffelgericht gelingt am besten, wenn Sie dafür die geeignetste Sorte verwenden. Es gibt drei Kochtypen:
- Fest kochend – ideal für Salate, Salz-, Pell- oder Bratkartoffeln
  Sorten: Cilena, Hansa, Linda, Nicola, Sieglinde, Selma
- Vorwiegend fest kochend – für Salz-, Pell- und Bratkartoffeln, Folienkartoffeln oder Kartoffelgemüse
  Sorten: Clivia, Christa, Gloria, Granola, Grata, Hela.
- Mehlig kochend – die Besten für Kartoffeln, Klöße (Knödel), Kartoffelpuffer- und Plätzchen, Suppen und Eintöpfe
  Sorten: Adretta, Ilona, Bintje, Irmgard, Maritta, Datura, Aula

Haltbarkeit von Kartoffelprodukten

Tiefgekühlt	18 Monate
Sterilisiert	18 Monate ungekühlt
Pasteurisiert	6 Monate gekühlt

Kartoffel-Kniffe
- *Kartoffeln verfärben sich schnell:* Daher erst kurz vor dem Zubereiten schälen und in kaltes Wasser legen.
- *Perfekte Pellkartoffeln:* Wählen Sie möglichst gleich große Kartoffeln aus, damit alle zur gleichen Zeit gar sind. Gar sind sie dann, wenn sie sich mühelos mit Gabel oder Messer einstechen lassen.
- *Schöne Salzkartoffeln:* Garen gleichmäßig, wenn Sie die geschälten Kartoffeln in etwa gleich große Stücke schneiden.
- *Bitte mit Schale:* Neue Kartoffeln heimischer Sorten gibt es ab Juni. Ihre Schale ist so dünn, dass man sie mitessen kann. Waschen oder bürsten Sie die Kartoffeln vor der Zubereitung einfach gründlich ab. Mit Schale behält die Kartoffel ihre Mineralstoffe. Dafür hat die Frühkartoffel weniger Stärke und eignet sich nicht so gut für Gerichte wie z.B. Klöße, Knödel, Kartoffelteig oder Kartoffelgemüse.
- *Abdämpfen:* Damit auch das verbliebene Kochwasser am Topfboden nach dem Abgießen verdampft, schwenken Sie den offenen Topf leicht über der heißen Herdplatte. Sie können dazu auch ein Küchentuch oder -papier zwischen Topf und Deckel legen.

Teigwaren
Nudeln machen glücklich

Ob mit Ei oder aus purem Hartweizengrieß: Nudeln sind gesund und machen auch noch glücklich. Durch ihre komplexe Kohlenhydratstruktur nimmt die Nudel positiven Einfluss auf unsere Stimmung. Nach Lust, Laune und Geschmack lassen sich Nudeln portionsgerecht kombinieren. Ob als Vorspeise, Hauptspeise oder Salat: Nudeln schmecken immer und passen fast zu jedem anderen Lebensmittel. Ebenso vielfältig erhältlich sind sie in Form und Farbe, gefüllt und ungefüllt, getrocknet oder als Frischteigwaren. Decken Sie sich ein! Denn Nudeln eignen sich hervorragend zum längeren Aufbewahren. Oder machen Sie die Nudeln gleich selbst. Tolle Effekte zaubern Sie mit Tomatenmark, püriertem Spinat, fein gehackten Kräutern, Safran oder Rote-Bete-Saft im Nudelteig.

Nudeln „al dente" kochen
- Nudeln brauchen Platz beim Garen: Bringen Sie also reichlich Wasser in einem großen Topf zum Kochen. Rechnen Sie für 100 Gramm Nudeln je 1 Liter Wasser. Der Topf sollte mit dem Wasser und den Nudeln nur zu zwei Dritteln gefüllt sein. Daher ab einer Nudelmenge von 400–500 Gramm lieber 2 Töpfe verwenden.
- Wasser und Salz: Wenn das Wasser kocht, Salz und Nudeln hineingeben. Pro Liter Wasser rechnet man 1 Teelöffel Salz.
- Ohne Deckel: Da Nudeln schäumen, die Nudeln ohne Deckel bei mittlerer Hitze nach Packungsanleitung unter gelegentlichem Umrühren bissfest, also „al dente" garen.
- „al dente": Um den richtigen Zeitpunkt nicht zu verpassen, gegen Ende der Garzeit häufiger eine Nudel probieren. Die Garzeit für frische Nudeln ist wesentlich kürzer als bei getrockneter Ware.
- Fertig: Die garen Nudeln in ein Sieb geben, mit heißem Wasser (für Nudelsalate mit kaltem Wasser) abspülen und abtropfen lassen. Nudeln, die nach dem Kochen noch weitergegart werden, etwa als Auflauf im Ofen, sollten Sie etwas früher abgießen.
- Mit oder ohne Öl: Viele Köche ergeben viele Meinungen. In jedem Fall verhindert Öl im Kochwasser das Schäumen. Wer also nicht ständig ein Auge auf die kochenden Nudeln haben kann, sollte vorsichtshalber etwas Öl ins Wasser geben.

Reis
Klein aber oho – körnige Vielfalt für die Küche

Reis gehört zu den Spelzgetreidearten und ist reich an Vitaminen und Mineralstoffen, dazu noch kalorienarm und sehr gut verträglich. Eine Küche ohne Pilaw, Risotto oder leckeren Milchreis – gar nicht vorstellbar. Da das Gelingen eines Reisgerichts von der Verwendung der richtigen Reissorte abhängt und es davon weltweit mehr als hunderttausend gibt, stellen wir Ihnen die wichtigsten vor.

Nach Form und Sorte unterscheidet man:
– Langkornreis
– Mittelkornreis
– Rundkornreis

Langkornreis

Hier überwiegend als Weiß- bzw. Parboiled- und Patna-Reis sowie als Naturreis erhältlich. Seine langen, schlanken Körner sehen im Rohzustand leicht glasig aus. Durch seinen hohen Kleberanteil kocht er trocken, locker und körnig. Ideal also für alle pikanten Reisgerichte und als Beilage.

Mittelkornreis

Die Körner sind geschliffen und im Kochverhalten ähnelt er dem Rundkornreis. Im Mittelmeerraum ist er sehr beliebt und findet daher in der mediterranen Küche häufige Verwendung.

Rundkornreis

Dieser Weißreis – auch Milchreis genannt – ist von runder Form. Da er wenig Kleber enthält, kocht er weich und gibt beim Ausquellen viel Stärke ins Kochwasser ab. Süßspeisen, Breie und Risottos gelingen mit ihm am besten.

Vom Naturreis zum Weißreis

Von der Art der Bearbeitung hängt die Bezeichnung ab. Naturreis oder Vollreis ist von bräunlicher Farbe, da lediglich der Spelz entfernt wird. Die Frucht- und Samenschale, das Silberhäutchen und der Keimling bleiben vollständig erhalten und damit auch die Vitamine und Mineralstoffe. Seine Garzeit ist daher fast doppelt so lang wie die von polierten Sorten. Er verdirbt auch schneller und sollte nicht lange gelagert werden. Wird von dem Naturreis das Silberhäutchen durch Schleifen und Polieren entfernt, spricht man von Weißreis. Er enthält weniger Vitamine, Mineral- und Ballaststoffe als Naturreis sowie weniger Fett. Dadurch lässt er sich gut lagern.

Parboiled Reis und Schnellkochreis

Durch die Behandlung mit Wärme und Dampf entsteht der leicht gelbliche, nicht klebrige Parboiled Reis. Die wasserlöslichen Vitamine und Mineralstoffe wandern dabei ins Korninnere und bleiben erhalten. Sein Nährwertgehalt liegt deutlich über dem von Weißreis.

Für ganz Eilige eignet sich Schnellkochreis. Da dieser Reis nach dem Schleifen bereits durch Dampf und Wärme vorgegart wird, verkürzt sich seine Garzeit auf 3–5 Minuten.

Spezielle Sorten – Risottoreis, Wildreis und Basmatireis

Wenn es landestypisch und exotisch in Ihrer Küche zugehen soll, gehören natürlich die originalen Reissorten dazu.

Risottoreis gehört zu den Mittelkornsorten und stammt aus Italien. Da dieser Reis beim Garen Stärke abgibt, verleiht er Risottos die erforderliche Sämigkeit.

Wildreis ist botanisch gesehen keine Reissorte, sondern der Samen eines Wassergrases. Seine Körner sind schmal, fast schwarz und haben einen intensiven, nussartigen Geschmack. Wie Naturreis benötigt er eine Garzeit von 40–50 Minuten. Wildreis ist relativ teuer. Daher wird er häufig als Mischung mit Weißreis angeboten.

Basmatireis – Dieser „Duftreis" entfaltet beim Kochen einen zarten, aromatischen Duft. Gekocht ist er weicher und klebriger als Langkornreis. Wegen seines besonderen Aromas ist er in der asiatischen Küche sehr beliebt.

Tipp

• **Schön körnig:** bleibt der gekochte Reis, wenn Sie nach dem Garen zwischen Topf und Deckel ein Tuch legen. Der aufsteigende Dampf wird vom Tuch aufgesaugt, so dass kein Kondenswasser entsteht und ein Übergaren verhindert wird.

• **Attraktive Form:** Zum Anrichten den Reis in eine Suppenkelle, gefettete Reisrandform oder Tasse füllen, leicht andrücken und stürzen.

• **Warmhalten und Aufwärmen:** Dazu eine größere Menge Reis in eine gefettete, hitzebeständige Form füllen, abdecken und im Backofen bei etwa 150 °C warmhalten bzw. erwärmen.

• **Haltbarkeit:** In Wasser gekochter Reis hält sich im Kühlschrank zugedeckt bis zu 8 Tagen. Reis können Sie hervorragend portionsweise einfrieren und bei Bedarf im Siebeinsatz über Wasserdampf oder in der Mikrowelle auftauen.

• **Als Suppeneinlage:** Den Reis nur knapp gar kochen und erst kurz vor dem Servieren in die Suppe geben, denn er gart in der heißen Flüssigkeit nach.

Salzkartoffeln

750 g Kartoffeln
1 TL Salz

1 Kartoffeln mit einem Sparschäler dünn schälen.

2 Größere Kartoffeln ein- oder zweimal durchschneiden.

3 Salz ins heiße Wasser geben. Kartoffeln knapp mit Wasser bedeckt in einem Topf gar kochen.

Salzkartoffeln
4 Portionen

Zubereitungszeit: etwa 30 Minuten

1. Kartoffeln waschen, abtropfen lassen. Foto **1** Mit einem Sparschäler dünn schälen, schlechte Stellen entfernen. Kartoffeln abspülen.
2. Foto **2** Größere Kartoffeln ein- oder zweimal durchschneiden.
3. Kartoffeln in einen Topf geben. So viel Wasser hinzugießen, dass die Kartoffeln knapp bedeckt sind. Foto **3** Salz ins heiße Wasser geben. Die Kartoffeln zugedeckt zum Kochen bringen und in 15–20 Minuten gar kochen lassen (Garprobe).
4. Kartoffeln abgießen.
5. Foto **4** Kartoffeln im offenen Topf unter leichtem Schütteln abdämpfen lassen oder zum Abdämpfen ein Küchentuch zwischen Topf und Deckel legen.

Tipp: Salzkartoffeln passen gut zu Fleisch- und Fischgerichten mit Sauce.

Abwandlung: Für **Petersilienkartoffeln** die Kartoffeln wie die Salzkartoffeln zubereiten und in 20–30 g zerlassener Butter und 3 Esslöffeln gehackter Petersilie (1 Bund) schwenken.

Kartoffelpüree (Kartoffelbrei)
4 Portionen

Zubereitungszeit: etwa 35 Minuten

1 kg mehlig kochende Kartoffeln
Salz
etwa 250 ml (¼ l) Milch
50 g Butter
geriebene Muskatnuss

1. Kartoffeln waschen, schälen, abspülen und in Stücke schneiden. In einen Topf geben, mit Wasser knapp bedecken und zum Kochen bringen, 1 Teelöffel Salz darüber streuen.
2. Kartoffeln mit Deckel in 15–20 Minuten gar kochen, abgießen.
3. Foto **5** Dann sofort in einer Kartoffelpresse oder mit einem Stampfer zerdrücken.

4 Kartoffeln im offenen Topf abdämpfen, dabei schütteln.

Kartoffelpüree

5 Kartoffeln durch eine Kartoffelpresse geben.

6 Kartoffelpüree mit erhitzter Milch verrühren, dabei mit einem Schneebesen kräftig schlagen.

4. Foto **6** Milch in einem kleinen Topf erhitzen. Mit einem Schneebesen oder Kochlöffel nach und nach unter die Kartoffelmasse rühren (je nach Beschaffenheit der Kartoffeln und der Intensität des Abdämpfens kann die Milchmenge etwas variieren).

5. Püree bei schwacher Hitze mit einem Schneebesen rühren, bis eine lockere, einheitliche Masse entstanden ist. Butter hinzufügen. Mit wenig Salz und Muskatnuss abschmecken.

Tipp: Und ganz wichtig: Die Kartoffeln nicht mit Mix- oder Pürierstab pürieren, sonst wird's zäh!

Abwandlung 1: Schlagsahne statt Milch nehmen, dann aber auf die Butter verzichten. Oder die Butter durch 100 g durchwachsenen Speck ersetzen. Dafür den Speck würfeln, in einer Pfanne ausbraten und zum Schluss unter das Püree rühren.

Abwandlung 2: Kartoffelpüree mit Knoblauch und Kräutern. Dafür zusätzlich 1–2 Knoblauchzehen abziehen und hacken. Butter zerlassen, Knoblauch darin bei schwacher Hitze etwa 5 Minuten dünsten. Knoblauch und Butter mit 2 Esslöffeln gehackter Petersilie und 1 Esslöffel Schnittlauchröllchen zum Schluss unter das Püree rühren.

Abwandlung 3: Kartoffelpüree mit Käse. Dafür zum Schluss 4 Esslöffel geriebenen mittelalten Gouda- oder Emmentaler-Käse unter das Püree rühren. Noch 1 Esslöffel gehackte Petersilie oder Kerbel daraufstreuen.

Abwandlung 4: Kartoffelpüree mit Pesto. Dafür ein kleines Glas grünes oder rotes Pesto (etwa 100 g) unter das fertige Kartoffelpüree ziehen. Schmeckt besonders gut zu Lammkoteletts.

Abwandlung 5: Olivenpüree (Foto). Dafür 50–75 ml gutes Olivenöl unterrühren. Ein kleines Gläschen mit etwa 100 g entsteinten grünen oder schwarzen Oliven abtropfen lassen, klein hacken und ebenfalls unterrühren. Mit etwas Pfeffer abschmecken. Besonders köstlich zu Ratatouille.

Pellkartoffeln

etwa 750 g Kartoffeln
(fest kochend oder
vorwiegend fest kochend)
½ gestr. TL Salz
1 TL Kümmelsamen nach
Belieben

1 Kartoffeln unter fließendem kalten Wasser abbürsten.

2 Kartoffeln knapp mit Wasser bedeckt 20–25 Minuten kochen.

Garprobe mit einem spitzen Messer durchführen.

Kartoffeln heiß oder warm pellen.

1. Kartoffeln waschen und die Schale mit einer Bürste säubern (dickere Kartoffeln halbieren oder vierteln). Frühlingszwiebeln putzen, das dunkle Grün abschneiden, die Frühlingszwiebeln abspülen und längs halbieren. Thymianstängel abspülen, trockentupfen und die Blättchen von den Stängeln streifen.

2. Öl in einer Pfanne erhitzen, Kartoffeln hineingeben und von allen Seiten anbraten. Die Knoblauchzehen ungeschält hinzufügen und etwa 5 Minuten mitbraten lassen.

3. Mit Salz, Pfeffer und den Thymianblättchen bestreuen, evtl. etwas Wasser hinzugießen.

4. Die Frühlingszwiebeln hinzufügen. Die Kartoffel-Knoblauch-Pfanne 10 Minuten garen.

Pellkartoffeln
4 Portionen

Zubereitungszeit: etwa 35 Minuten

1. Foto 1 Kartoffeln unter fließendem kalten Wasser abbürsten und abtropfen lassen.
2. Foto 2 Kartoffeln in einen Topf geben. So viel Wasser hinzufügen, dass die Kartoffeln knapp bedeckt sind. Salz und nach Belieben Kümmel hinzugeben.
3. Kartoffeln zugedeckt in 20–25 Minuten, je nach Größe der Kartoffeln, gar kochen.
4. Foto 3 Mit einem spitzen Messer prüfen, ob die Kartoffeln gar sind.
5. Kartoffeln abgießen, mit kaltem Wasser abschrecken und nochmals abgießen.
6. Foto 4 Kartoffeln je nach Art der Verwendung heiß oder noch warm mit einem Messer pellen.

Tipp: Heiße Kartoffeln zum Pellen auf eine Dreizackgabel spießen.

Kartoffel-Knoblauch-Pfanne
4 Portionen

Zubereitungszeit: etwa 50 Minuten

1,2 kg sehr kleine, neue Kartoffeln
1–2 Bund Frühlingszwiebeln
5 Thymianstängel
5 EL Speiseöl
10 Knoblauchzehen
Salz
frisch gemahlener Pfeffer

Bratkartoffeln auf dem Blech

1 kg fest kochende Kartoffeln
2 kleine Zwiebeln
6 EL Speiseöl
1 EL Salz
frisch gemahlener Pfeffer

1 Kartoffeln in dünne Scheiben schneiden (etwa 3 mm dick), mit Küchenpapier trockentupfen.

2 Kartoffelscheiben, Zwiebeln und Öl in einer Schüssel vermengen.

3 Kartoffeln auf einem Backblech mit Backpapier verteilen.

Bratkartoffeln auf dem Blech

4 Portionen
Backblech, Backpapier

Zubereitungszeit: etwa 20 Minuten

1. Den Backofen auf 220 °C (Heißluft 200 °C) vorheizen.

2. Kartoffeln unter kaltem Wasser gründlich abbürsten, abtrocknen.

3. Kartoffeln waschen, abtropfen lassen und mit einem Sparschäler dünn schälen. Kartoffeln abspülen und in dünne Scheiben (etwa 3 mm) schneiden. Foto **1** Kartoffelscheiben mit Küchenpapier trockentupfen. Zwiebeln abziehen und fein würfeln.

4. Foto **2** Kartoffelscheiben zusammen mit Zwiebeln und Öl in einer Schüssel vermengen.

5. Mit Salz und Pfeffer würzen.

6. Foto **3** Kartoffeln auf einem Backblech mit Backpapier verteilen.

Ober-/Unterhitze: etwa 220 °C (vorgeheizt)
Heißluft etwa 200 °C (vorgeheizt)
Backzeit: etwa 25 Minuten.

7. Foto **4** Kartoffeln zwischendurch mit einem Pfannenwender wenden.

8. Die Kartoffelscheiben sollen goldgelb und knusprig sein.

Tipp: Junge Kartoffeln können gründlich abgebürstet auch mit Schale verwendet werden. Lecker ist dazu auch ein Spiegelei oder 2–3 dicke Scheiben Sülze mit Remouladensauce und Blattsalat.

Zwischendurch mit einem Pfannenwender wenden.

Bratkartoffeln aus der Pfanne

Geschälte, gekochte Kartoffeln in 5 mm dicke Scheiben schneiden.

Kartoffeln in einer großen beschichteten Pfanne braten, mit einem Pfannenwender wenden.

Bratkartoffeln aus der Pfanne
4 Portionen

Zubereitungszeit: etwa 40 Minuten

1 kg fest kochende Kartoffeln
(fertig geschnitten aus dem Kühlregal)
2 große Zwiebeln
6 EL Speiseöl oder 60 g Butterschmalz
100 g gewürfelter, durchwachsener Speck
Salz
frisch gemahlener Pfeffer

1. Kartoffeln gründlich waschen, mit Wasser knapp bedeckt zum Kochen bringen, in 15–20 Minuten mit Deckel gar kochen lassen.
2. Die garen Kartoffeln abgießen, mit kaltem Wasser abschrecken, abtropfen lassen und noch warm pellen.
3. Zwiebeln abziehen, klein würfeln.
4. Foto 5 Geschälte, gekochte Kartoffeln in 5 mm dicke Scheiben schneiden.
5. Speiseöl oder Butterschmalz in einer beschichteten großen Pfanne zerlassen. Speckwürfel darin andünsten.
6. Kartoffelscheiben hinzugeben, mit Salz und Pfeffer bestreuen.
7. Foto 6 Die Kartoffeln in 10 Minuten bei mittlerer Hitze unter gelegentlichem Wenden braun braten. Zwiebeln hinzufügen und weitere 5–10 Minuten braten.

Tipp: Durch etwas Paprikapulver erhalten die Bratkartoffeln eine appetitlich goldene Farbe.
Bratkartoffeln passen gut zu Spiegeleiern oder Steaks.

Kartoffelgratin

1 Knoblauchzehe
800 g fest kochende Kartoffeln
Salz
frisch gemahlener Pfeffer
geriebene Muskatnuss
125 ml (1/8 l) Milch
125 g Schlagsahne
2 EL geriebener
Parmesan-Käse

1 Gefettete Auflaufform mit einer Knoblauchzehe einreiben.

2 Kartoffelscheiben dachziegelartig einschichten.

3 Mit Salz, Pfeffer und frisch geriebener Muskatnuss würzen.

Kartoffelgratin

4 Portionen – Auflaufform, Butter zum Einfetten der Form

Zubereitungszeit: etwa 40 Minuten

1. Den Backofen auf 180 °C vorheizen (Heißluft nicht vorheizen).
2. Foto 1 Eine Auflaufform fetten. Knoblauch abziehen, durchschneiden und eine große, flache Auflaufform damit einreiben.
3. Kartoffeln waschen, schälen, abspülen, trockentupfen und in dünne Scheiben schneiden.
4. Foto 2 Die Kartoffelscheiben dachziegelartig in die vorbereitete Forme einschichten.
5. Foto 3 Dann kräftig mit Salz, Pfeffer und Muskatnuss würzen.
6. Foto 4 Milch mit Sahne verrühren und über die Kartoffelscheiben gießen.
7. Foto 5 Parmesan-Käse darüber streuen. Die Form auf dem Rost auf der mittleren Schiene in den Backofen schieben.

Ober-/Unterhitze: etwa 180 °C (vorgeheizt)
Heißluft: etwas 160 °C (nicht vorgeheizt)
Backzeit: etwa 45–55 Minuten.

8. Das Gratin sollte schön goldbraun sein.

Tipp: Sie können das Gratin auch in Portionsformen zubereiten. Die Garzeit verringert sich auf 40–45 Minuten. Das Gratin passt perfekt zu saucenlosen Fleisch-, Fisch- oder Gemüsegerichten.

Abwandlung 1: (großes Foto, mitte) Statt Milch und Sahne etwa 250 ml (1/4 l) Gemüsebrühe verwenden. Mit 2 Esslöffeln Weißwein oder Crème fraîche verrühren und über die Kartoffelscheiben gießen. Mit Parmesan-Käse bestreuen und wie beschrieben backen.

4 Milch mit Sahne verrühren und über die Kartoffelscheiben gießen.

5 Mit Parmesan-Käse bestreuen.

Abwandlung 2: **Kartoffelgratin mit Champignons** (großes Foto, rechts). Dafür 150 g Kartoffeln durch dünne Champignonscheiben ersetzen. Champignon- und Kartoffelscheiben im Wechsel einschichten.

Abwandlung 3: **Kartoffel-Möhren-Gratin** (großes Foto, links). Dafür 300 g Kartoffeln durch dünne Möhrenscheiben ersetzen. Möhren- und Kartoffelscheiben mit 1 Esslöffel Thymianblätter einschichten.

Reibekuchen (Kartoffelpuffer)

1 kg fest kochende Kartoffeln
1 Zwiebel
3 Eier (Größe M)
1 gestr. TL Salz
40 g Weizenmehl
100 ml Speiseöl,
z.B. Sonnenblumenöl

1 Kartoffeln und Zwiebel auf einer Küchenreibe in eine Schüssel reiben.

2 Evtl. etwas Flüssigkeit ausdrücken.

Reibekuchen (Kartoffelpuffer)
4 Portionen

Zubereitungszeit: etwa 45 Minuten

1. Kartoffeln waschen, schälen und abspülen. Zwiebel abziehen.
2. Foto **1** Kartoffeln und Zwiebel auf der Küchenreibe grob reiben.
3. Foto **2** Evtl. etwas Flüssigkeit ausdrücken.
4. Foto **3** Kartoffel-Zwiebel-Masse mit den Eiern, Salz und Mehl verrühren.
5. Etwas Öl in einer Pfanne erhitzen.
6. Foto **4** Den Teig portionsweise mit einer Saucenkelle oder einem großen Löffel in eine beschichtete Pfanne geben.
7. Foto **5** Den Teig mit einem Löffel flachdrücken und bei mittlerer Hitze von beiden Seiten braten, bis der Rand knusprig braun ist.
8. Die fertigen Reibekuchen aus der Pfanne nehmen.
9. Foto **6** Überschüssiges Fett mit Küchenpapier abtupfen. Die Reibekuchen sofort servieren oder warm stellen. Den restlichen Teig auf die gleiche Weise braten.

Tipp: Wenn Sie die Hälfte des Mehls durch 2–3 Esslöffel Haferflocken ersetzen, werden die Reibekuchen noch knuspriger. Und übrigens: mit Apfelkompott und Blattsalat mit einer Vinaigrette schmeckt's noch besser.

Abwandlung 1: Reibekuchen mit süßem Quark: Dafür 250 g Magerquark mit 125 ml (⅛ l) Milch oder 125 g Sahne und 40 g Zucker verrühren. 1 Päckchen Bourbon-Vanille-Zucker oder etwas geriebene Zitronenschale unterrühren.

3 Kartoffel-Zwiebel-Masse mit Eiern, Salz und Mehl mit einem Kochlöffel verrühren.

4 Den Teig portionsweise mit einem großen Löffel in eine beschichtete Pfanne geben.

5 Den Teig mit dem Löffel flachdrücken.

6 Überschüssiges Fett mit Küchenpapier abtupfen.

Abwandlung 2: Reibekuchen mit Schnippelschinken (Foto links): Dafür zusätzlich 50 g feine Schinkenstreifen (z. B. Parmaschinken) und 1–2 Teelöffel getrockneten, gerebelten Majoran unter den Teig mischen. Oder die Schinkenstreifen mit Crème fraîche oder Schmand zu den Reibekuchen servieren.

Abwandlung 3: Reibekuchen mit Räucherlachs (Foto links): Dafür 1 Becher Schmand mit 2–3 Teelöffeln Sahne-Meerrettich verrühren. 1 Esslöffel frischen gehackten Dill unterrühren und die Reibekuchen mit etwa 150 g Räucherlachs in Scheiben und der Meerrettichcreme servieren.

Rösti
4 Portionen

Zubereitungszeit: etwa 45 Minuten, ohne Kühlzeit

500 g fest kochende Kartoffeln
Salz
6 EL Speiseöl, z. B. Sonnenblumenöl
frisch gemahlener Pfeffer

1. Kartoffeln gründlich waschen, in einem Topf mit Wasser bedeckt zum Kochen bringen, mit Deckel etwa 15 Minuten kochen. Kartoffeln abgießen, mit kaltem Wasser abspülen, pellen und zugedeckt mindestens 4 Stunden oder über Nacht kalt stellen.
2. Kartoffeln auf einer Haushaltsreibe grob raspeln und mit Salz bestreuen.
3. Speiseöl in einer beschichteten Pfanne (Ø etwa 24 cm) erhitzen. Kartoffelraspel esslöffelweise hineingeben und flachdrücken.
4. Rösti von jeder Seite etwa 5 Minuten bei schwacher Hitze braun und knusprig braten.

5. Die Rösti vor dem Servieren in 4 Stücke teilen.

Tipp: Rösti eignen sich besonders gut als Beilage zu Züricher Geschnetzeltem und kurz gebratenem Fleisch.
Den Rösti zum Wenden eventuell aus der Pfanne auf einen Topfdeckel gleiten lassen und zurück in die Pfanne stürzen.
Sie können aus der Kartoffelmasse auch mehrere kleine Puffer backen.

Kartoffelecken mit Kräutern und Cocktailtomaten

1,5 kg große, fest kochende
Kartoffeln
je 1 Stängel Rosmarin und
Thymian
6 EL Olivenöl
1 EL grobes Meersalz
frisch gemahlener Pfeffer
200 g Cocktailtomaten

1 Kartoffeln längs halbieren und dann vierteln.

2 Kartoffelviertel, Rosmarinnadeln und Thymianblättchen in einer Schüssel mischen.

Kartoffelecken mit Kräutern und Cocktailtomaten
4 Portionen– Backblech, Backpapier

Zubereitungszeit: etwa 15 Minuten

1. Kartoffeln unter fließendem kalten Wasser gründlich abbürsten und abtrocknen.

2. Den Backofen auf 200 °C vorheizen (Heißluft nicht vorheizen).

3. Foto 1 Kartoffeln längs halbieren und dann vierteln.

4. Rosmarin und Thymian abspülen und trockentupfen. Die Nadeln und Blättchen von den Stängeln zupfen.

5. Foto 2 Kartoffelviertel, Rosmarinnadeln und Thymianblättchen in einer Schüssel mischen. 5 Esslöffel Olivenöl hinzufügen. Mit Salz und Pfeffer würzen.

6. Foto 3 Die Kartoffelmischung auf einem Backblech (mit Backpapier belegt) verteilen. Das Backblech in den Backofen schieben.

Ober-/Unterhitze: etwa 200 °C (vorgeheizt)
Heißluft: etwa 180 °C (nicht vorgeheizt)
Garzeit: 30–40 Minuten.

7. In der Zwischenzeit Tomaten waschen, abtrocknen und evtl. die Stängelansätze entfernen.

8. Foto 4 Tomaten mit dem restlichen Olivenöl beträufeln, nach 15–20 Minuten Garzeit zu den Kartoffelecken geben und mitgaren lassen. Die Kartoffelecken sollen goldgelb und knusprig sein.

Tipp: Dazu Tsatsiki und einen frischen Salat servieren.

Kartoffelmischung auf einem Backblech (mit Backpapier belegt) verteilen.

Vorbereitete Tomaten zu den vorgebackenen Kartoffelecken geben.

Ofenkartoffeln
4 Portionen

Zubereitungszeit: etwa 20 Minuten

8 mehlig kochende Kartoffeln
Olivenöl
Salz

Für die Füllung:
2 Becher (je 150 g) Dr. Oetker Crème fraîche
Saft von ½ Zitrone
2 EL Schnittlauchröllchen
Salz
frisch gemahlener Pfeffer
1 Prise Zucker oder etwas Honig

1. Backofen auf 200 °C vorheizen (Heißluft nicht vorheizen).
2. Kartoffeln gründlich waschen, evtl. abbürsten, abtrocknen und mehrfach mit einer Gabel einstechen, damit sie im Ofen nicht platzen.
3. Mit Öl einpinseln und mit Salz bestreuen. Kartoffeln einzeln in Alufolie wickeln, die Enden gut festdrücken. Nebeneinander auf ein Backblech geben und in den Backofen schieben.

Ober-/Unterhitze: etwa 200 °C (vorgeheizt)
Heißluft: etwa 180 °C (nicht vorgeheizt)
Garzeit: 60–90 Minuten (je nach Größe der Kartoffeln).

4. Crème fraîche mit Zitronensaft und Schnittlauchröllchen verrühren. Mit Salz, Pfeffer und Zucker oder Honig abschmecken.
5. Gegarte Kartoffeln aus dem Ofen nehmen. Alufolie öffnen, durch seitlichen Druck an beiden Enden die Kartoffeln oben aufplatzen lassen und füllen.

Tipp: Servieren Sie die Ofenkartoffel mit Räucherlachsstreifen, einem Löffel Forellenkaviar, Shrimps oder Schnippelschinken.

Spaghetti mit Tomaten-Basilikum-Sauce

Für die Tomaten-Basilikum-Sauce:
1 kg Fleischtomaten
2 Zwiebeln
2 Knoblauchzehen
5 EL Olivenöl
3 EL Rotwein
Salz
frisch gemahlener Pfeffer
gerebelter Oregano
1 Topf Basilikum

4 l Wasser
4 gestr. TL Salz
500 g Spaghetti

50 g Parmesan-Käse

Die Spaghetti im geöffneten Topf kochen lassen, zwischendurch umrühren.

Spaghetti mit Tomaten-Basilikum-Sauce
4 Portionen

Zubereitungszeit: etwa 35 Minuten

1. Für die Sauce Tomaten kreuzweise einschneiden und einige Sekunden in kochendes Wasser legen. Tomaten kurz in kaltes Wasser legen, enthäuten, halbieren, entkernen, Stängelansätze herausschneiden. Fruchtfleisch in Würfel schneiden.

2. Zwiebeln und Knoblauch abziehen und fein würfeln.

3. Olivenöl in einer Pfanne erhitzen. Zwiebel- und Knoblauchwürfel darin andünsten. Tomatenwürfel hineingeben und mit andünsten.

4. Rotwein hinzufügen. Mit Salz, Pfeffer und Oregano würzen. Basilikum waschen, trockentupfen. Die Blättchen von den Stängeln zupfen, in Streifen schneiden und unterrühren.

5. Wasser in einem großen Topf mit geschlossenem Deckel zum Kochen bringen. Dann Salz und Spaghetti hinzugeben.

6. Foto 1 Die Spaghetti im geöffneten Topf bei mittlerer Hitze nach Packungsanleitung kochen lassen, dabei zwischendurch 4-5-mal umrühren.

7. Foto 2 Anschließend die Spaghetti in ein Sieb geben, mit heißem Wasser abspülen und abtropfen lassen.

8. Spaghetti auf 4 tiefen Tellern anrichten. Die Sauce darauf geben. Mit Parmesan-Käse bestreuen.

Tipp: Statt der frischen Tomaten können Sie auch 1 Dose (Einwaage 800 g) geschälte Tomaten verwenden.

Spaghetti mit Gemüse-Bolognese

2 Spaghetti in ein Sieb geben, mit heißem Wasser abspülen und abtropfen lassen.

3 Zucchini- und Tomatenwürfel kurz dünsten. Rotwein zu dem Gemüse geben.

5. Wasser in einem großen Topf mit geschlossenem Deckel zum Kochen bringen. Dann Salz und Spaghetti hinzugeben.

6. Die Spaghetti im geöffneten Topf bei mittlerer Hitze nach Packungsanleitung kochen lassen, dabei zwischendurch 4–5-mal umrühren.

7. Anschließend die Spaghetti in ein Sieb geben, mit heißem Wasser abspülen und abtropfen lassen.

8. Fertige Sauce mit Salz und Pfeffer abschmecken und mit den Nudeln auf tiefen Tellern oder in einer Schüssel anrichten. Noch etwas frisch geriebenen Parmesan-Käse daraufstreuen.

Variante: **Spaghetti Bolognese** (Foto). Dafür 1 Zwiebel und 1 Knoblauchzehe abziehen. 2 Möhren und 100 g Knollensellerie putzen, schälen, waschen. Die Zutaten fein würfeln. 2 Esslöffel Olivenöl in einem Topf erhitzen. Die Gemüsewürfel bei mittlerer Hitze andünsten. 250 g Rindergehacktes dazugeben, anbraten, dabei umrühren und Klümpchen mit einer Gabel zerdrücken. 800 g Tomaten aus der Dose etwas zerkleinern, mit dem Saft und mit 2 Esslöffeln Tomatenmark in den Topf geben. Alles mit Oregano, Salz und Pfeffer würzen. Die Sauce zum Kochen bringen und bei schwacher Hitze etwa 15 Minuten ohne Deckel leicht kochen lassen. Ab und zu umrühren. Mit Rotwein, Salz und Pfeffer abschmecken. Mit einer Chilischote garnieren.

Spaghetti mit Gemüse-Bolognese
4 Portionen

Zubereitungszeit: etwa 40 Minuten

1 kleine Zwiebel
1 Knoblauchzehe
1 mittelgroße Möhre
1 Stange Staudensellerie
2 Zucchini
2 Tomaten
6 EL Olivenöl
100 ml Rotwein
200 g passierte Tomaten aus dem Tetrapack
1 geh. TL gehackter oder gerebelter Majoran oder Oregano
4 l Wasser
4 gestr. TL Salz
500 g Spaghetti
frisch gemahlener Pfeffer
50 g frisch geriebener Parmesan-Käse

1. Zwiebel und Knoblauch abziehen, fein würfeln. Möhre putzen, schälen, Sellerie putzen, evtl. harte Fäden abziehen. Möhre und Sellerie waschen, abtropfen lassen, fein würfeln.

2. Zucchini und Tomaten waschen, Enden der Zucchini abschneiden und Zucchini in sehr feine Würfel schneiden. Tomaten vierteln, Stängelansätze herausschneiden, Tomaten entkernen und ebenfalls in sehr feine Würfel schneiden.

3. Zwiebel- und Knoblauchwürfel in einer Pfanne mit Öl bei mittlerer Hitze glasig dünsten. Möhren- und Selleriewürfel dazugeben und 3–4 Minuten mitdünsten. Foto 3 Jetzt Zucchini- und Tomatenwürfel kurz mitdünsten und den Rotwein in die Pfanne geben.

4. Passierte Tomaten und frisch gehackte Kräuter dazugeben und alles bei schwacher Hitze 15 Minuten köcheln lassen, bis das Gemüse weich ist.

Gedünsteter Reis

1 Zwiebel
20 g Butter oder Margarine
200 g Langkornreis
400 ml warme Gemüsebrühe
etwa Salz

1 Butter oder Margarine in einem Topf zerlassen. Zwiebelwürfel und Reis darin andünsten.

2 Warme Gemüsebrühe hinzugießen und zum Kochen bringen.

3 Den Reis bei schwacher Hitze 15–20 Minuten mit Deckel quellen lassen.

Gedünsteter Reis
4 Portionen

Zubereitungszeit: etwa 30 Minuten

1. Zwiebel abziehen und in kleine Würfel schneiden.
2. Foto **1** Butter oder Margarine in einem Topf zerlassen. Zwiebelwürfel und Reis darin andünsten.
3. Foto **2** Warme Gemüsebrühe hinzugießen und zum Kochen bringen.
4. Foto **3** Den Reis bei schwacher Hitze 15–20 Minuten mit Deckel quellen lassen.
5. Den garen Reis evtl. mit Salz abschmecken.

Tipp: Den gedünsteten Reis als Beilage zu Fleisch- und Gemüsegerichten servieren oder für Reissalate verwenden. Anstelle von geschältem Reis können Sie auch Natur-Langkornreis verwenden. Wegen des Silberhäutchens hat er eine bräunliche Farbe, darunter stecken Vitamine und Mineralstoffe. Die Garzeit beträgt 25–30 Minuten (Packungsanleitung beachten).

Abwandlung 1: (Foto, hinten) Für **Curryreis** Zwiebelwürfel und Reis wie oben angegeben andünsten. 1 Esslöffel Currypulver daraufstreuen und kurz mitdünsten lassen. Dann Brühe hinzugießen. Den Reis wie angegeben garen.

Abwandlung 2: (Foto, vorne) Für **Tomatenreis** den Reis wie oben angegeben zubereiten. In der Zwischenzeit 800 g Tomaten enthäuten und die Stängelansätze herausschneiden. Tomaten halbieren, entkernen und in Würfel schneiden. 2 Knoblauchzehen und 1 Zwiebel abziehen und würfeln. 3 Esslöffel Speiseöl, z.B. Sonnenblumenöl erhitzen. Knoblauch- und Zwiebelwürfel darin andünsten. Tomatenwürfel und 1 Teelöffel getrocknete Kräuter der Provence hinzugeben. Bei schwacher Hitze etwa 5 Minuten mit Deckel dünsten. Mit Salz, Pfeffer und etwas Zucker abschmecken. Die Tomatenmasse mit dem gedünsteten Reis vermischen. 50 g geriebenen mittelalten Gouda-Käse und 1 Esslöffel gehackte Petersilie unterrühren.

Gewürzreis

4 Portionen

Zubereitungszeit: etwa 40 Minuten

2 Knoblauchzehen
1 Stück Ingwerwurzel (etwa 1½ cm)
2 frische, rote Chilischoten
2 EL Speiseöl
300 g Basmatireis
1 Dose (400 ml) Kokosmilch
etwa 350 ml Wasser
2 Sternanis
1 Stück (10 cm) Zimtrinde oder Stangenzimt
Salz
50 g Cashewkerne
½ TL scharfes Currypulver
½ TL Schwarzkümmel
½–1 TL gemahlener Kreuzkümmel (Cumin)

1. Knoblauch abziehen und in Scheiben schneiden. Ingwer schälen und hacken. Chilischoten längs halbieren, entkernen, abspülen und hacken.

2. 1 Esslöffel Öl in einem Topf erhitzen. Den Reis darin glasig dünsten. Knoblauch, Ingwer und Chilischoten dazugeben. Kokosmilch mit Wasser, Sternanis, Zimtrinde oder Stangenzimt und Salz hinzufügen und alles etwa 20 Minuten garen, evtl. noch etwas Wasser zugeben.

3. Das restliche Öl in einer Pfanne erhitzen. Cashewkerne unter Rühren darin bräunen, mit Curry und Schwarzkümmel bestreuen und herausnehmen.

4. Den Reis mit Salz und Kreuzkümmel abschmecken und mit Cashewkernen bestreuen.

Tipp: Gewürzreis passt gut zu arabischen oder indischen Gerichten, z. B. zu Satéspießen. Und ebenso gut zu pikantem Lamm- oder Geflügelfleisch.

Reis mit gebratenem Gemüse

500 ml Wasser
200 g Basmati- oder Duftreis
½ TL Salz

Für die Gemüsepfanne:
200 g Zuckerschoten
200 g Möhren
1 Stange Staudensellerie
2 Zucchini (gelb und grün)
1 rote Paprikaschote
3–4 Cocktailtomaten
250 g Champignons
3 EL Speiseöl
200 ml Gemüsebrühe

2–3 EL helle Sojasauce
2–3 EL Sherry
100 g frische Sojabohnensprossen
1 TL Speisestärke
2 EL Wasser
Salz,
frisch gemahlener Pfeffer
gemahlener Koriander

Champignons etwa 2 Minuten unter Rühren braten.

Das Gemüse etwa 5 Minuten bei schwacher Hitze mit geschlossenem Deckel garen.

Reis mit gebratenem Gemüse
4 Portionen – Wok oder große Pfanne

Zubereitungszeit: etwa 45 Minuten

1. Wasser mit Reis und Salz in einen Topf geben, zum Kochen bringen und den Reis bei schwacher Hitze 8 Minuten mit geschlossenem Deckel quellen lassen, dabei gelegentlich umrühren.

2. Zwischenzeitlich Zuckerschoten putzen, die Enden abschneiden, Zuckerschoten abspülen. Zuckerschoten 1–2-mal schräg durchschneiden. Möhren putzen, schälen, abspülen, Möhren in Scheiben schneiden. Staudensellerie abspülen. Vom Staudensellerie die harten Fäden abziehen. Staudensellerie waschen, in Streifen schneiden. Zucchini abspülen, Enden abschneiden, Zucchini längs halbieren und in dünne Scheiben schneiden.

3. Paprikaschote halbieren. Stiel, Kerne und weiße Scheidewände entfernen. Paprika abspülen und würfeln. Cocktailtomaten abspülen und halbieren. Champignons putzen, mit Küchenpapier abreiben, evtl. abspülen und in Scheiben schneiden.

4. Öl in einer Pfanne erhitzen. Foto 1 Champignons etwa 2 Minuten unter Rühren braten, dann mit einer Schaumkelle herausnehmen. Nach und nach Möhren, Staudensellerie, Zuckerschoten, Zucchini und Paprika kurz unter Rühren anbraten. Mit Brühe, Sojasauce und Sherry ablöschen.

5. Foto 2 Das Gemüse etwa 5 Minuten bei schwacher Hitze mit geschlossenem Deckel garen.

6. Foto 3 In der Zwischenzeit Sojabohnensprossen in ein Sieb geben, mit heißem Wasser abspülen und abtropfen lassen. Champignons zum Gemüse geben und alles noch etwa 2 Minuten garen. Ab und zu rühren.

7. Foto 4 Die Stärke mit Wasser verrühren, unter das kochende Gemüse rühren und aufkochen lassen.

8. Sojabohnensprossen dazugeben. Mit Salz, Pfeffer und Koriander abschmecken und noch 1 Minute unter Rühren garen.

9. Den fertigen Reis dazugeben und unterrühren.

3 Sojabohnensprossen in ein Sieb geben, mit heißem Wasser abspülen und abtropfen lassen.

4 Die Stärke mit Wasser verrühren, unter das kochende Gemüse rühren und aufkochen.

5. Cabanossi schräg in Scheiben schneiden. Tomaten, Zuckerschoten und Cabanossi zum Reis geben und etwa 5 Minuten garen, evtl. noch etwas Brühe hinzufügen.

6. Die Curry-Reis-Pfanne mit Salz und Pfeffer abschmecken.

Tipp: Anstelle der Zuckerschoten können Sie auch 300 g aufgetaute TK-Erbsen oder TK-Prinzessbohnen verwenden.

Curry-Reis-Pfanne mit Cabanossi
4 Portionen – Wok oder große Pfanne

Zubereitungszeit: etwa 45 Minuten

1 Zwiebel
1–2 Knoblauchzehen
4 EL Olivenöl
300 g Risottoreis, z. B. Arborio-Reis
2 gestr. TL Currypulver
200 ml Weißwein
750 ml (¾ l) Gemüsebrühe
200 g Tomaten
200 g Zuckerschoten
400 g Cabanossi (Knoblauchwurst)
Salz
frisch gemahlener Pfeffer

1. Zwiebel und Knoblauch abziehen und würfeln. Öl in einem Wok oder einer großen Pfanne erhitzen. Zwiebel- und Knoblauchwürfel darin anbraten. Reis und Currypulver hinzufügen und unter Rühren darin anbraten.

2. Jeweils die Hälfte des Weißweins und der Brühe hinzufügen. Den Reis garen, bis die Flüssigkeit aufgenommen ist, dabei ab und zu umrühren. Dann die restliche Flüssigkeit hinzufügen und alles noch gut 10 Minuten garen.

3. In der Zwischenzeit Tomaten kreuzweise einschneiden und kurz in kochendes Wasser legen, mit kaltem Wasser abspülen. Tomaten enthäuten, vierteln, Stängelansätze herausschneiden, Tomaten entkernen und in Spalten schneiden.

4. Zuckerschoten putzen, die Enden abschneiden, Zuckerschoten abspülen, abtropfen lassen und je nach Größe evtl. halbieren.

Risotto

1 kleine Zwiebel
50 g Butter
200 g Risottoreis, z.B. Arborio
400–500 ml heiße Gemüsebrühe
Salz
1 EL gemischte, gehackte Kräuter, z. B. Petersilie, Basilikum, Estragon, Schnittlauch

Risottoreis hinzufügen und unter Rühren glasig dünsten.

Nach und nach etwas von der heißen Brühe hinzugießen und zum Kochen bringen.

Reis bei schwacher Hitze etwa 20 Minuten mit Deckel quellen lassen.

Risotto
4 Portionen

Zubereitungszeit: etwa 30 Minuten

1. Zwiebel abziehen und in kleine Würfel schneiden.

2. Butter in einem Topf zerlassen, Zwiebelwürfel darin andünsten.

3. Foto 1 Risottoreis hinzufügen und unter Rühren glasig dünsten.

4. Foto 2 Nach und nach etwas von der heißen Brühe hinzugießen und zum Kochen bringen.

5. Foto 3 Den Reis unter gelegentlichem Umrühren bei schwacher Hitze etwa 20 Minuten mit Deckel quellen lassen, dabei nach und nach die restliche Brühe hinzufügen.

6. Risotto mit Salz abschmecken, in eine vorgewärmte Schüssel geben und mit Kräutern bestreuen.

Tipp: Risotto als Beilage zu kurz gebratenem Fleisch oder Fisch oder mit einem gemischtem Salat als Hauptgericht servieren.

Abwandlung 1: Für **Risi Bisi** etwa 5 Minuten vor Ende der Garzeit zusätzlich 150 g TK-Erbsen unter den Reis mischen und fertig garen. 3 Esslöffel frisch geriebenen Parmesan-Käse und 20 g kalte Butter untermischen. Risi Bisi mit 1 Esslöffel gehackter Petersilie bestreuen.

Abwandlung 2: Für einen **Mailänder Risotto** 125 ml (1/8 l) Weißwein und 1 Messerspitze gemahlenen Safran zum glasig gedünsteten Reis geben, im offenen Topf zum Kochen bringen und bei schwacher Hitze etwa 20 Minuten garen. Wenn die Flüssigkeit verkocht ist, nach und nach etwa 500 ml (1/2 l) Gemüsebrühe hinzugießen. 30 g frisch geriebenen Parmesan-Käse mit 1–2 Esslöffeln Crème fraîche verrühren und unter den fertigen Risotto mischen. Mit Salz und Pfeffer abschmecken.

Pilz-Käse-Risotto
4–6 Portionen

Zubereitungszeit: etwa 50 Minuten

2 kleine Zwiebeln oder Schalotten
50 g Butter
400 g Risotto-Reis, z.B. Aborio
1 l heiße Gemüsebrühe
100 g Schlagsahne
150 g Shiitake-Pilze
150 g Champignons
150 g Austernpilze
150 g Kräuterseitlinge
3 Stängel Petersilie
½ Bund Schnittlauch
100 g Schlagsahne
3 EL Olivenöl
40 g geriebener Parmesan-Käse
frisch gemahlener Pfeffer
Salz

1. Zwiebeln oder Schalotten abziehen und in kleine Würfel schneiden.

2. Butter in einem Topf zerlassen. Die Hälfte der Zwiebelwürfel darin andünsten.

3. Risottoreis hinzufügen und unter Rühren glasig dünsten.

4. Nach und nach etwas von der heißen Brühe hinzugießen und zum Kochen bringen.

5. Den Reis unter gelegentlichem Umrühren bei schwacher Hitze etwa 20 Minuten mit Deckel quellen lassen, dabei nach und nach die restliche Brühe und die Sahne hinzufügen. (der Reis muss noch bissfest sein).

6. Pilze mit Küchenpapier abreiben, evtl. abspülen, trockentupfen, in Streifen schneiden. Die Stängel der Shiitake-Pilze nicht verwenden.

7. Kräuter abspülen, trockentupfen. Petersilienblättchen von den Stängeln zupfen und kleinschneiden. Schnittlauch mit einer Küchenschere in Röllchen schneiden.

8. Sahne steif schlagen.

9. Olivenöl in einer Pfanne erhitzen, die restlichen Zwiebel- oder Schalottenwürfeln darin hell andünsten, die Pilze hinzufügen und etwa 5 Minuten garen. Den Parmesan darüberstreuen.

10. Risotto und Pilze vermischen. Mit Pfeffer und Salz würzen.

11. Kurz vor dem Anrichten die Kräuter und die geschlagene Sahne unter das Risotto ziehen.

Penne all'arrabbiata

2 ½ l Wasser
2 ½ gestr. TL Salz
250 g Penne (Röhrennudeln)

Für die Sauce:
4 Schalotten
2 Knoblauchzehen
2 rote Chilischoten
4 EL Olivenöl
1 TL Tomatenmark
500 ml (½ l) Tomatensaft

Salz
frisch gemahlener Pfeffer
½ Bund Basilikum
50 g frisch geriebener
Parmesan-Käse

Chilischoten entkernen und in sehr kleine Würfel schneiden.

Penne all'arrabbiata
4 Portionen

Zubereitungszeit: etwa 30 Minuten

1. Wasser in einem großen Topf mit geschlossenem Deckel zum Kochen bringen. Dann Salz und Nudeln zugeben. Die Nudeln im geöffneten Topf bei mittlerer Hitze nach Packungsanleitung kochen lassen, dabei 4–5-mal umrühren.

2. Anschließend die Nudeln in ein Sieb geben, mit heißem Wasser abspülen und abtropfen lassen.

3. Für die Sauce Schalotten und Knoblauch abziehen, klein hacken.

4. Foto 1 Chilischoten abspülen, trockentupfen, halbieren, entkernen und in sehr kleine Würfel schneiden.

5. Foto 2 Olivenöl erhitzen, Schalotten- und Knoblauchstückchen darin glasig dünsten.

6. Foto 3 Tomatenmark und Chiliwürfel kurz mit anrösten. Foto 4 Tomatensaft hinzugießen, zum Kochen bringen und auf ein Drittel einkochen lassen.

7. Foto 5 Die Sauce durch ein feines Sieb passieren. Mit Salz und Pfeffer abschmecken. Basilikum abspülen, trockentupfen, die Blättchen von den Stängeln zupfen (einige Blättchen zum Garnieren beiseitelegen). Die Blättchen grob hacken.

8. Die Nudeln in die heiße Tomatensauce geben, gut unterrühren und auf Tellern anrichten.

9. Mit Käse und den beiseite gelegten Basilikumblättchen bestreut servieren.

 **2** Schalotten- und Knoblauchstückchen in heißem Olivenöl glasig dünsten.

 **3** Tomatenmark und Chiliwürfel mit anrösten.

 **4** Tomatensaft zu Schalotten, Knoblauch, Tomatenmark und Chiliwürfeln hinzugießen.

 **5** Sauce durch ein feines Sieb passieren.

Tortellini mit Walnusskernen
4 Portionen

Zubereitungszeit: etwa 25 Minuten

Für die Walnusssauce:
200 g Walnusskerne
2–3 Knoblauchzehen
3 Stängel Majoran
6 EL Olivenöl
200 g Schlagsahne
Salz

3–4 l Wasser
3–4 TL Salz
500 g grüne Tortellini, evtl. mit Spinat gefüllt (Kühltheke)

Zum Garnieren:
einige Walnusskerne
einige Basilikumblättchen

1. Für die Sauce etwa zwei Drittel der Walnusskerne fein hacken. Knoblauch abziehen und in kleine Würfel schneiden. Majoran abspülen, trockentupfen, die Blättchen von den Stängeln zupfen und hacken.

2. Olivenöl in einer Pfanne erhitzen, Knoblauchwürfel darin andünsten. Gehackte und ganze Walnusskerne hinzufügen, kurz mit erhitzen.

3. Sahne unterrühren und erhitzen. Die Sauce mit Salz würzen, gehackte Majoranblättchen unterrühren. Sauce warm stellen.

4. Wasser in einem großen Topf mit geschlossenem Deckel zum Kochen bringen. Dann Salz und Tortellini hinzugeben. Die Tortellini im geöffneten Topf bei mittlerer Hitze nach Packungsanleitung kochen lassen, dabei zwischendurch 4–5-mal umrühren.

5. Anschließend die Tortellini in ein Sieb geben, mit heißem Wasser abspülen, abtropfen lassen und in eine Schüssel geben.

6. Die Tortellini mit der Sauce vermengen, mit Walnusskernen und Basilikumblättchen garniert sofort servieren.

Spinat-Schafkäse-Lasagne

3 Knoblauchzehen
3 mittelgroße Zwiebeln
4 EL Olivenöl
2 Pck. (je 300 g) TK-Blattspinat
2–3 EL Wasser
Salz
frisch gemahlener Pfeffer
etwas geriebene Muskatnuss

Für die Béchamelsauce:
50 g Butter
50 g Weizenmehl
500 ml (½ l) Milch

500 ml (½ l) Gemüsebrühe
Salz
frisch gemahlener Pfeffer
etwas geriebene Muskatnuss

300 g Schafkäse

½ Pck. (225 g) Lasagneblätter, ohne Vorgaren

100 g geriebener Gratin-Käse

1 Schafkäse zerbröseln.

2 Etwas von der Sauce in eine eckige Auflaufform geben.

Spinat-Schafkäse-Lasagne
4 Portionen – Auflaufform

Zubereitungszeit: etwa 50 Minuten

1. Knoblauch und Zwiebeln abziehen und in kleine Würfel schneiden.

2. Olivenöl in einer Pfanne erhitzen. Die Knoblauch- und Zwiebelwürfel darin glasig dünsten. Unaufgetauten Spinat und Wasser hinzufügen. Den Spinat zugedeckt bei schwacher Hitze auftauen lassen. Mit Salz, Pfeffer und Muskat würzen.

3. Für die Sauce Butter in einem Topf zerlassen. Mehl hinzufügen, unter Rühren so lange erhitzen, bis es hellgelb ist. Milch und Brühe nach und nach hinzugießen, mit einem Schneebesen durchschlagen. Darauf achten, dass keine Klümpchen entstehen.

4. Die Sauce unter Rühren zum Kochen bringen und bei schwacher Hitze etwa 5 Minuten kochen lassen. Mit Salz, Pfeffer und Muskat würzen.

5. Den Backofen auf 200 °C vorheizen (Heißluft nicht vorheizen).

6. Foto **1** Schafkäse zerbröseln. 1 Esslöffel für die oberste Schicht beiseitelegen.

7. Foto **2** Etwas von der Sauce in eine eckige Auflaufform geben. Foto **3** Darauf Lasagneblätter legen, dann Spinat und Schafkäse daraufgeben.

8. Mit Sauce bedecken und mit jeder Schicht so verfahren, dass etwa 4 Lasagneschichten entstehen. Die oberste Schicht soll aus Sauce bestehen.

9. Foto **4** Die Lasagne mit restlichem Schafkäse und Gratin-Käse bestreuen. Die Form auf dem Rost in den Backofen schieben.

Ober-/Unterhitze: etwa 200 °C (vorgeheizt)
Heißluft: etwa 180 °C (nicht vorgeheizt)
Garzeit: etwa 35 Minuten.

3 Darauf Lasagneblätter legen.

4 Die Lasagne mit Käse bestreuen.

4. Den Backofen auf 180 °C (Heißluft 160 °C) vorheizen.

5. Die Mischung in eine große, flache, gefettete Auflaufform füllen.

6. Für den Guss Crème fraîche mit Gouda mit einem Schneebesen in einer Schüssel verrühren, mit Paprikapulver, Salz und Pfeffer würzen und gleichmäßig auf der Maultaschen-Sauerkraut-Mischung verteilen.

7. Die Form auf dem Rost in den Backofen schieben.

Ober-/Unterhitze: etwa 180 °C (vorgeheizt)
Heißluft: etwa 160 °C (vorgeheizt)
Überbackzeit: etwa 30 Minuten.

Maultaschen-Sauerkraut-Auflauf
4–6 Portionen – Auflaufform, Fett für die Form

Zubereitungszeit: etwa 30 Minuten

1 Zwiebel
1 rote Paprikaschote (etwa 150 g)
2 EL Speiseöl
1 große Dose mildes Weinsauerkraut (Abtropfgewicht 810 g)
1 EL Rosmarin, geschnitten
Salz
frisch gemahlener Pfeffer
2 Pck. (je 300 g) Schwäbische Maultaschen
(mit Fleisch – aus dem Kühlregal)

Für den Guss:
2 Becher (300 g) Crème fraîche
1 Pck. (200 g) geriebener Gouda-Käse
1 TL Paprikapulver edelsüß

1. Zwiebel abziehen und würfeln. Paprikaschote halbieren, entstielen, entkernen, die weißen Scheidewände entfernen, die Schote waschen und in Streifen schneiden.

2. Zwiebelwürfel und Paprikastreifen in erhitztem Speiseöl andünsten. Sauerkraut mit der Flüssigkeit aus der Dose und Rosmarin zugeben und etwa 5 Minuten mitdünsten.

3. Das Sauerkraut mit Salz und Pfeffer würzen. Maultaschen direkt aus der Packung zum Sauerkraut geben und im geschlossenen Topf 1–2 Minuten garen. Dann alles im offenen Topf kurz weiterdünsten, bis fast keine Flüssigkeit mehr vorhanden ist.

Ratgeber
Süßspeisen & Desserts

Süßspeisen & Desserts – unwiderstehlich gut
Da kann keiner widerstehen: Etwas Süßes zum Nachtisch ist einfach der beste Abschluss. Eine Nascherei rundet ein Essen geschmacklich perfekt ab und macht uns regelrecht fröhlich. Süßes fürs Gemüt eignet sich auch schon mal als Hauptgericht, sollten Sie gar keinen Appetit auf Herzhaftes haben. Keine Angst vor Kalorienbomben: Es gibt auch leichte Cremes und viele Variationen mit Früchten für reuelosen Genuss.

Pudding – essbare Kindheitsträume
Oma kochte ihren echten Pudding oder Flammeri noch mit Speisestärke, Zucker, Milch und Eiern. Schneller geht es mit den fertigen Puddingpulvern, die man in großer Sortenvielfalt kaufen kann. Mit verschiedenen Zusätzen, wie Schokostreuseln, Früchten oder Eischnee erhält Ihr Pudding seine individuelle Note. Übrigens schmeckt Pudding kalt und warm herrlich.

Puddings mit Pep
Eischnee: so steif schlagen, dass ein Messerschnitt sichtbar bleibt. Direkt unter die kochend heiße Puddingmasse heben, sonst setzt er sich ab und verflüssigt den Pudding.

Stürzen: eine große Sturzform oder spezielle Portionsförmchen mit kaltem Wasser ausspülen, Pudding heiß einfüllen und mindestens 4 Stunden in den Kühlschrank stellen. Vor dem Stürzen die obere Kante des Puddings mit einem spitzen Messer leicht von der Form lösen.

Fruchtgrütze – fantastisch frisch
Es gibt sie in rot oder grün, ganz nach Geschmack und verwendeten Früchte. Fruchtgrütze können Sie leicht selber machen. Dazu werden Beeren oder klein geschnittene Früchte mit Obstsaft aufgekocht und mit angerührter Speisestärke angedickt. Vitaminschonender ist es, erst den Saft für die Grütze anzudicken und die Früchte dann unter den angedickten Saft zu mischen, aber nicht aufzukochen. Das Aroma und die kräftigen Farben der Früchte bleiben so erhalten. Mit tiefgekühlten Beeren oder Beerenmischungen kann man das ganze Jahr über den Vitaminkick zubereiten. Dazu muss der Saft sehr stark angedickt und die gefrorenen Früchte direkt unter den kochend heißen Saft gemischt werden.

Gelatine – das ideale Geliermittel

Sie ist praktisch und unverzichtbar als ideales Gelier- und Verdickungsmittel für Cremes, Fruchtgelees und Süßspeisen. Gelatine ist durchsichtig, geruchs- und geschmacksneutral. Erhältlich ist sie in weiß und rot, gemahlen oder als Blattgelatine. 500 ml (½ l) Flüssigkeit wird mit 6 Blatt oder 1 Päckchen gemahlener Gelatine sturzfest.

Einweichen: Blattgelatine in kaltem Wasser etwa 5 Minuten einweichen, gemahlene Gelatine mit 4–6 Esslöffeln Wasser in einem kleinen Topf anrühren, ebenfalls etwa 5 Minuten quellen lassen.

Auflösen: Gequollene Blattgelatine leicht ausdrücken und tropfnass in einem kleinen Topf unter Rühren bei schwacher Hitze auflösen. Gequollene, gemahlene Gelatine unter Rühren bei schwacher Hitze auflösen.

Kalte Flüssigkeiten festigen: 2–3 Esslöffel von der zu festigenden Flüssigkeit/Masse entnehmen, zu der lauwarmen Gelatinelösung geben und verrühren. Die Mischung dann mit einem Schneebesen unter die übrige Flüssigkeit/Masse rühren.

Heiße Flüssigkeiten festigen: Gequollene, ausgedrückte Blattgelatine oder gequollene, gemahlene Gelatine unaufgelöst in die heiße, nicht kochende Flüssigkeit geben und so lange rühren, bis die Gelantine sich vollständig aufgelöst hat.

Erkalten und Ausgelieren: Die Speise mehrere Stunden in den Kühlschrank stellen.

Mit Sahne oder Eischnee: Geschlagene Sahne oder Eischnee erst einrühren, wenn die Masse zu gelieren beginnt.

Frucht- und Obstsalat – süße Vitaminbomben

Frisches Obst gehört auf den täglichen Speiseplan. Apfel, Birne und Co. kommen als Salat viel attraktiver daher und machen Lust auf ein paar Extravitamine. Natürlich süß und gut gekühlt, pur oder mit Eis und Pudding kombiniert: So machen Früchte und Obst richtig Spaß.

So wird's schön bunt

Verwenden Sie frisches, reifes Obst der Saison. Es ist schön süß. Das macht zusätzlichen Zucker überflüssig. Toll schmecken und aussehen wird Ihr Salat, wenn Sie Früchte nehmen, die sich in Farbe und Konsistenz unterscheiden, z. B. saftige Pfirsiche, knackige Äpfel, cremige Bananen, säuerliche Kiwis. Geben Sie etwas frisch gepressten Grapefruit- oder Orangensaft in eine Schüssel und mischen die vorbereiteten, frischen Früchte unter. Die Säure in dem Saft bewirkt, dass empfindliche Früchte wie Bananen oder Äpfel ihre Farbe behalten und nicht braun werden. Anstelle des Saftes können Sie auch saftziehende Früchte wie Trauben, Melonen oder Erdbeeren zuerst in die Schüssel geben.

Basisrezept Vanillepudding

1 Pck. Dr. Oetker Gala Pudding-Pulver Bourbon-Vanille
30 g Zucker
500 ml (½ l) Milch

Außerdem:
frische Beeren, z.B. Himbeeren, Heidelbeeren,
2 Stängel Zitronenmelisse

1 — 6 Esslöffel von der Milch nach und nach mit einem Schneebesen unter das Pudding-Pulver rühren.

2 — Angerührtes Pudding-Pulver in die kochende Milch rühren.

Vanillepudding
4 Portionen

Zubereitungszeit: 15 Minuten, ohne Kühlzeit

1. Pudding-Pulver und Zucker in eine kleine Schüssel geben.

2. Foto 1 6 Esslöffel von der Milch nach und nach mit einem Schneebesen unterrühren.

3. Die übrige Milch in einem kleinen Topf zum Kochen bringen. Den Topf von der Kochstelle nehmen.

4. Foto 2 Angerührtes Pudding-Pulver in die kochende Milch rühren.

5. Den Topf wieder auf die Kochstelle setzen. Foto 3 Den Vanillepudding unter Rühren mindestens 1 Minute kochen lassen.

6. Foto 4 Pudding in eine Schüssel füllen, die Oberfläche mit Frischhaltefolie belegen, damit sich keine Haut bildet.

7. Den Pudding abkühlen lassen, dann etwa 3 Stunden kalt stellen.

Den Vanillepudding unter Rühren mindestens 1 Minute kochen lassen.

Pudding in eine Schüssel füllen, die Oberfläche mit Frischhaltefolie belegen, damit sich keine Haut bildet.

8. Den Pudding mit einem kalt abgespülten Esslöffel in Dessertschalen füllen.

9. Früchte verlesen, abspülen und abtropfen lassen. Zitronenmelisse abspülen, trockentupfen und die Blätter abzupfen. Früchte und Zitronenmelisse zum Pudding servieren.

Schokoladenpudding
4 Portionen

Zubereitungszeit: etwa 15 Minuten, ohne Kühlzeit

100 g Edelbitter-Schokolade (mindestens 50 % Kakao)
300 ml Milch
200 g Schlagsahne
1 Pck. Dr. Oetker Gala Pudding-Pulver
Feiner Schokoladenpudding
50 g Zucker

1. Schokolade in kleine Stücke brechen.

2. Milch und Sahne verrühren.

3. Den Schokoladenpudding wie im Basisrezept Vanillepudding beschrieben zubereiten, dabei die Milch durch das Milch-Sahne-Gemisch ersetzen. Pudding-Pulver und Zucker wie beschrieben verwenden.

4. Die Schokolade unter den heißen Pudding rühren und schmelzen lassen.

5. Den Pudding in eine Schüssel füllen und wie beschrieben abdecken, erkalten lassen und anrichten.

Tipp: Den Schokoladenpudding wie den Vanillepudding mit frischen Beeren servieren. Er schmeckt auch mit Vanillesauce.

Vanilleberg mit Erdbeeren
6 Portionen

Zubereitungszeit: etwa 30 Minuten

Zutaten für 2 x Basisrezept Vanillepudding,
mit nur 500 ml (½ l) Milch
Zusätzlich: 500 g frische Erdbeeren, 4 EL Zucker,
Saft von 1 Zitrone, ½ Pck. (100 g) Butterkekse oder Spritzgebäck (etwa 70 g), 500 g Schlagsahne

1. Erdbeeren abspülen, trockentupfen und 6 Erdbeeren zum Garnieren beiseitelegen. Die übrigen Erdbeeren entstielen, halbieren oder vierteln. Die Erdbeeren mit Zucker bestreuen, mit Zitronensaft beträufeln und 10–15 Minuten ziehen lassen.

2. 6 Dessertschälchen oder eine Glasschüssel mit Keksen auslegen.

3. Vanillepudding wie im Basisrezept beschrieben zubereiten. Dafür Sahne und Milch verrühren und anstelle der im Basisrezept angegebenen Milch verwenden. Den Pudding nicht mit Frischhaltefolie bedecken, stattdessen immer wieder mit einem Schneebesen umrühren, bis er etwas abgekühlt ist.

4. Die marinierten Erdbeeren auf den Keksen verteilen, dann den noch warmen Pudding darüber geben.

5. Den Vanilleberg zugedeckt kalt stellen.

6. Den Vanilleberg mit den restlichen Erdbeeren garnieren.

Tipp: Die Erdbeeren können zusätzlich mit 2 Esslöffeln Cointreau oder Grand Marnier (Orangenlikör) mariniert werden. Der Vanilleberg schmeckt auch mit aufgetauten, gemischten TK-Beeren.

Mousse au chocolat

375 g Edelbitter-Schokolade
(mindestens 50 % Kakao)
500 g gekühlte Schlagsahne
2 frische Eier (Größe M)
2 frische Eigelb (Größe M)
3 EL Weinbrand

Schokolade im Wasserbad schmelzen lassen, dabei gelegentlich mit einem Teigschaber umrühren.

Die Schokolade nach und nach mit Rührbesen unter die Eiercreme rühren.

Mousse au chocolat
6 Portionen

Zubereitungszeit: etwa 30 Minuten, ohne Kühlzeit

1. Die Schokolade in kleine Stücke brechen und in eine Metallschüssel geben. Einen kleinen Topf etwa 1/3 hoch mit Wasser füllen, die Schüssel in das Wasserbad setzen. Das Ganze bei schwacher Hitze erwärmen.

2. Foto 1 Schokolade im Wasserbad schmelzen lassen, dabei gelegentlich mit einem Teigschaber umrühren. Das Wasserbad nicht kochen lassen!

3. Schokolade etwas abkühlen lassen.

4. Sahne in einer Rührschüssel mit Handrührgerät mit Rührbesen steif schlagen.

5. Eier, Eigelb und Weinbrand in eine Rührschüssel geben, mit einem Handrührgerät mit Rührbesen zu einer dicken Creme aufschlagen.

6. Foto 2 Die Schokolade nach und nach mit Rührbesen unter die Eiercreme rühren.

7. Foto 3 Die Sahne in 2 Portionen bei niedrigster Stufe kurz unter die Schokocreme rühren.

8. Die Creme in Portionsschälchen oder Gläser füllen und zugedeckt mindestens 2 Stunden kalt stellen.

Hinweis: Nur ganz frische Eier verwenden, die nicht älter als 5 Tage sind (Legedatum beachten!). Die fertige Speise im Kühlschrank aufbewahren und innerhalb von 24 Stunden verzehren.

Abwandlung 1: Für eine **Mousse mit Amarettini** zusätzlich 40 g Amarettini (italienisches Makronengebäck) grob zerkleinern und unter die Mousse heben. Die Mousse mit steif geschlagener Schlagsahne und Amarettini garnieren.

Abwandlung 2: Für eine **scharfe Mousse** 1 kleine Chilischote putzen. Foto 4 Scheidewände und Kerne entfernen. Schote abspülen, trockentupfen und in kleine Würfel schneiden. Chiliwürfel zur geschmolzenen Schokolade geben. Oder die fertige Mousse mit 2–3 Spritzern Tabascosauce würzen.

**Abwandlung 2:
Scharfe Mousse**

3 Die Sahne in 2 Portionen bei niedrigster Stufe kurz unter die Schokocreme rühren.

4 Scheidewände und Kerne der Chilischote entfernen.

Tipp: Die Zutaten für den Obstsalat können beliebig variiert werden. So schmeckt auch eine Mischung aus Ananasstückchen, Mandarinen, Weintrauben und reifen Birnen (mit etwas Zitronensaft beträufelt, damit sie nicht braun werden). Möglichst Früchte der Saison verwenden, da sie dann am besten schmecken und eine natürliche Süße haben. Wer möchte, kann den Obstsalat auch mit Kirschwasser oder Himbeergeist verfeinern.

Obstsalat
6 Portionen

Zubereitungszeit: etwa 30 Minuten

50 g gehobelte Mandeln
2 mittelgroße Orangen (300 g)
1–2 EL Zitronensaft
3 EL Orangensaft oder Orangenlikör
30 g Zucker
1 kleine Mango (250 g)
2 Nektarinen (je 150 g)
2 mittelgroße Äpfel (300 g)
2 Kiwis (100 g)
250 g Erdbeeren

1. Die Mandeln in einer Pfanne ohne Fett rösten, auf einen Teller schütten und erkalten lassen.

2. Die Orangen so schälen, dass auch die weiße Haut entfernt wird. Die Orangenfilets über einer Schüssel herausschneiden, den Saft auffangen. Zitronensaft, Orangensaft oder Orangenlikör und Zucker in einer Schüssel verrühren.

3. Das Fruchtfleisch der Mango an beiden Seiten vom Stein schneiden, die Mango schälen. Die Nektarinen abspülen, trockentupfen, vierteln, den Stein entfernen. Die Äpfel schälen, vierteln und entkernen. Kiwis schälen. Erdbeeren abspülen, gut abtropfen lassen, entstielen und in Stücke schneiden.

4. Das vorbereitete Obst in feine Spalten schneiden und mit dem Saftgemisch in der Schüssel vermengen.

5. Den Obstsalat in eine Schüssel füllen und mit Mandeln bestreuen.

Beilage: Schlagsahne (nach Belieben mit Eierlikör abgeschmeckt) oder Vanillesauce.

Tiramisu

500 g Mascarpone
(italienischer Frischkäse)
150 ml Milch
75 g Zucker
1 Pck. Dr. Oetker Bourbon
Vanille-Zucker
40 ml Amaretto (Mandellikör)
250 ml (¼ l) kalter Espresso
oder starker Kaffee
200 g Löffelbiskuits
2 EL Kakaopulver

1

Zutaten mit Handrührgerät mit Rührbesen glatt rühren.

2

Die Hälfte der Löffelbiskuits mit der Zuckerseite nach unten in die Auflaufform legen.

Tiramisu
6 Portionen – 1 flache, rechteckige Auflaufform

Zubereitungszeit: etwa 30 Minuten, ohne Durchziehzeit

1. Mascarpone mit Milch, Zucker, Vanille-Zucker und der Hälfte des Amarettos in eine Rührschüssel geben.

2. Foto **1** Zutaten mit Handrührgerät mit Rührbesen glattrühren.

3. Übrigen Amaretto mit Espresso oder Kaffee verrühren.

4. Foto **2** Die Hälfte der Löffelbiskuits mit der Zuckerseite nach unten in die Auflaufform legen.

5. Foto **3** Die Hälfte der Kaffee-Amaretto-Mischung auf die Löffelbiskuits in der Form träufeln.

6. Mit der Hälfte der Mascarponemasse bedecken. Die restlichen Zutaten in gleicher Reihenfolge daraufschichten.

7. Tiramisu zugedeckt mindestens 4 Stunden kalt stellen und durchziehen lassen.

8. Kakao in ein Sieb geben. Foto **4** Vor dem Servieren die Oberfläche mit Kakao bestäuben.

Tipp: Tiramisu lässt sich gut vorbereiten.

Abwandlung 1: Sie können die Hälfte des Mascarpones durch 250 g Speisequark (20 % Fett) ersetzen, das spart Kalorien.

3 Die Hälfte der Kaffee-Amaretto-Mischung auf die Löffelbiskuits in der Form träufeln.

4 Vor dem Servieren die Oberfläche mit Kakao bestäuben.

Orangen-Panna-Cotta mit Rum

6 Portionen – 6 Förmchen oder Tassen (je 150 ml Inhalt)

Zubereitungszeit: etwa 40 Minuten, ohne Kühlzeit

600 g Schlagsahne
1 Pck. Dr. Oetker Vanillin-Zucker
1 Prise Salz
1 Pck. Dr. Oetker Finesse Geriebene Zitronenschale
3–4 EL Zucker (etwa 70 g)
1 Bio-Orange (unbehandelt, ungewachst)
4 Blatt weiße Gelatine
3 EL Rum

Für die Sauce:
etwas Orangensaft
1–2 EL Zucker

Zitronenmelisseblätter zum Garnieren

1. Einen Topf kalt ausspülen. Sahne mit Vanillin-Zucker, Salz, Zitronenschale und Zucker zum Kochen bringen, etwa 10 Minuten ohne Deckel bei schwacher Hitze köcheln lassen.

2. Orange heiß abwaschen, abtrocknen, die Schale abreiben. 3–4 Minuten vor Ende der Kochzeit abgeriebene Orangenschale in die Milch geben und kurz mitköcheln lassen.

3. Gelatine nach Packungsanleitung einweichen. Topf vom Herd nehmen. Gelatine ausdrücken und unter Rühren in der heißen Sahne auflösen. Rum hinzufügen.

4. Die Sahnemasse in die Förmchen oder Tassen gießen. Etwa 30 Minuten abkühlen lassen. Die Förmchen zugedeckt mindestens 3 Stunden oder besser über Nacht kalt stellen.

5. Die restliche Orangenschale mit einem scharfen Messer so von der Orange abschneiden, dass die weiße Haut mit entfernt wird. Die Orangenfilets über einer Schüssel herausschneiden, dabei den Saft auffangen. Orangenreste über der Schüssel ausdrücken.

6. Für die Sauce den aufgefangenen Saft mit Orangensaft auf 200 ml auffüllen. In einem Topf Saft und Zucker zu einem leicht dicklichen Sirup einkochen, kalt stellen.

7. Zitronenmelisseblätter abspülen und trockentupfen.

8. Förmchen oder Tassen einige Sekunden in heißes Wasser stellen. Panna Cotta erst mit den Fingern vom Rand lösen, dann auf Dessertteller stürzen. Mit 6 Orangenfilets und Zitronenmelisseblättern garnieren.

9. Restliche Orangenfilets in die Sauce geben und dazu servieren.

Tipp: Statt der Orangenfilets Mandarinen aus der Dose verwenden. Die Orange dann auspressen und den Saft für die Sauce verwenden.
Mit Beerensauce schmeckt die Panna Cotta auch sehr gut. Dann die abgeriebene Orangenschale weglassen. Für die Beerensauce 300 g Erdbeeren, Himbeeren oder TK-Beerencocktail pürieren und ein Päckchen Bourbon-Vanille-Zucker unterrühren.

Nektarinen-Johannisbeer-Crumble

150 g rote oder schwarze Johannisbeeren
3–4 Nektarinen (500 g)
100 g Zucker
70 g Weizenmehl
½ TL gemahlener Zimt
1 Prise Salz
70 g kernige Haferflocken
70 g weiche Butter

1 Johannisbeeren von den Rispen streifen.

2 Zutaten mit Handrührgerät mit Rührbesen zu Streuseln verarbeiten.

3 Streusel auf den Früchten verteilen.

Nektarinen-Johannisbeer-Crumble
4 Portionen – 1 flache Auflaufform

Zubereitungszeit: etwa 30 Minuten

1. Backofen auf 200 °C vorheizen (Heißluft nicht vorheizen).
2. Johannisbeeren und Nektarinen abspülen und trockentupfen.
3. Foto 1 Johannisbeeren von den Rispen streifen. Nektarinen halbieren, entsteinen und in Spalten schneiden.
4. Johannisbeeren, Nektarinen und 50 g Zucker in einer flachen Auflaufform mischen.
5. Mehl, Zimt, Salz, restlichen Zucker und Haferflocken in eine Rührschüssel geben und mit einem Schneebesen verrühren. Butter hinzufügen.
6. Foto 2 Zutaten mit Handrührgerät mit Rührbesen zu Streuseln verarbeiten (je länger man rührt, desto größer die Streusel).
7. Foto 3 Streusel auf den Früchten verteilen.

8. Die Form auf dem Rost in den Backofen schieben.

Ober-/Unterhitze: etwa 200 °C (vorgeheizt)
Heißluft: etwa 180 °C (nicht vorgeheizt)
Garzeit: etwa 40 Minuten.

9. Die Form auf einen Kuchenrost stellen. Den Crumble heiß oder kalt servieren.

Tipp: Anstelle der angegeben Früchte können Sie 600 g geschälte, in Spalten geschnittene Äpfel verwenden.

Apfeltarte mit Sonnenblumenkernen
Etwa 12 Stücke – 1 Tarte- oder Quicheform (Ø 26–28 cm), weiche Butter oder Margarine zum Einfetten

Zubereitungszeit: etwa 25 Minuten, ohne Kühlzeit

Für den Belag:
2 EL Sonnenblumenkerne
4 säuerliche Äpfel (etwa 700 g), z. B. Boskop
3 EL Zitronensaft
50 g Zucker
30 g Butter

Für den Knetteig:
200 g Weizenmehl
1 TL Dr. Oetker Backin
100 g Magerquark
3 EL Speiseöl, z. B. Sonnenblumenöl
50 g Zucker
1 Prise Salz
1 Ei (Größe M)
3 EL Milch

1. Boden der Tarte- oder Quicheform einfetten. Für den Belag Sonnenblumenkerne in einer Pfanne ohne Fett unter Rühren goldbraun rösten, auf einem Teller erkalten lassen.

2. Äpfel waschen, abtrocknen, vierteln, schälen, entkernen, in Spalten schneiden und mit Zitronensaft beträufeln. Backofen auf 180 °C vorheizen (Heißluft nicht vorheizen).

3. Für den Knetteig Mehl und Backpulver in eine Rührschüssel geben, mit einem Schneebesen verrühren. Quark, Öl, Zucker, Salz, Ei und Milch hinzufügen und mit Handrührgerät mit Rührbesen erst kurz auf niedrigster, dann auf höchster Stufe zu einem glatten Teig verarbeiten (nicht zu lange, da der Teig sonst klebt).

4. Teig und Arbeitsfläche mit Mehl bestäuben. Den Teig auf der Arbeitsfläche zu einer runden Platte (Ø etwa 34 cm) ausrollen. Den Teig von 4 Seiten zur Mitte einschlagen, in die Form legen, auseinanderklappen und in der Form andrücken. Teigboden mit einer Gabel mehrfach einstechen.

5. Vorbereitete Apfelspalten kreisförmig auf dem Teigboden verteilen, mit gerösteten Sonnenblumenkernen und Zucker bestreuen, Butter in Flöckchen daraufsetzen. Die Form auf dem Rost in den Backofen schieben.

Ober-/Unterhitze: etwa 180 °C (vorgeheizt)
Heißluft: etwa 160 °C (nicht vorgeheizt)
Backzeit: etwa 35 Minuten (evtl. nach 30 Minuten den Kuchen mit Backpapier zudecken).

6. Die Form auf einen Kuchenrost stellen. Die Tarte in der Form erkalten lassen, in Stücke schneiden.

Tipp: Sie können auch gehackte Nüsse oder eine Getreide-Nuss-Müslimischung zum Bestreuen verwenden. Dieser Kuchen schmeckt frisch am besten.

Alphabetisches Register

A
Aioli 35
Apfeltarte mit Sonnenblumenkernen 155
Atlantikzungenfilet mit Spinat und Orange...................... 66

B
Bauernsalat, griechischer 55
BBQ-Sauce (Barbecue-Sauce) 43
Béchamelsauce 32
Blattspinat 106
Blumenkohl, klassisch 105
Bratkartoffeln aus der Pfanne....................................... 127
Bratkartoffeln auf dem Blech.. 126
Brokkoli 105
Bunter Nudelsalat... 49

C
Caesar's Salat 53
Calzone-Braten 79
Champignongemüse mit Rucola..................................... 113
Chili con carne 27
Chili sin carne 27
Curryreis... 136
Curry-Reis-Pfanne mit Cabanossi 139
Currysauce, kalte 35

E
Eier, gekochte 92
Eier mit Senfsauce.. 92
Eierpfannkuchen 98
Eiersalat mit frittierten Möhren 93

F
Fenchel mit Butter und Parmesan 107
Fisch in der Hülle 60
Fischmedaillons auf Gemüsenudeln, gedünstete 59
French-Dressing 37
Frikadellen 77
Frühlingsgratin.. 114

G
Gebratenes Seelachsfilet 67
Gedämpfte Gemüse mit Zitronenbutter 108
Gedämpfter Mangold 109
Gedünstete Fischmedaillons auf Gemüsenudeln.............. 59
Gedünsteter Reis.. 136
Gefüllte Paprikaschoten 118
Gegrillte Riesengarnelen mit Cocktailsauce.................... 62
Gekochte Eier 92
Gelbe Linsensuppe mit Joghurt..................................... 25
Gelbes Rindfleischcurry... 29
Gemüse mit chinesischen Nudeln aus dem Wok.............. 112
Gemüse mit Zitronenbutter, gedämpfte 108
Gemüsesuppe „Querbeet".. 22
Gemüsetopf, gedünstet.. 111
Geschnetzeltes, Züricher 74
Gewürzreis 137
Gorgonzola-Dressing 37

Griechischer Bauernsalat
Griechischer Bauernsalat 55
Grundsauce, helle 32
Grüner Salat mit Früchten 47
Grüner Salat 46
Grüner Spargel 105
Grünes Kräuterdressing mit Buttermilch 39
Guacamole (Mexikanische Avocadocreme) 42
Guacamole mit Tomatenwürfeln 42
Gulasch 81
Gurkensalat 48
Gurkensalat mit Sauerrahm 49
Gyrospfanne mit Knoblauch-Dill-Quark 75

H
Hähnchenbrust mit Mozzarella...................................... 85
Hamburger 77
Helle Grundsauce 32
Hühnerbrühe 17

I/J
Italian-Dressing.. 37
Jägerschnitzel 76
Joghurt-Dressing.. 38

K
Kalte Currysauce 35
Kartoffelecken mit Kräutern und Cocktailtomaten............ 132
Kartoffelgratin 128
Kartoffelgratin mit Champignons 129
Kartoffel-Möhren-Gratin 129
Kartoffel-Knoblauch-Pfanne... 125
Kartoffel-Kokos-Suppe mit Hähnchenfleisch 28
Kartoffelpüree (Kartoffelbrei).. 122
Kartoffelpüree mit Käse 123
Kartoffelpüree mit Knoblauch und Kräutern 123
Kartoffelpüree mit Pesto 123
Kartoffelsalat, Mamas 50
Kartoffelsalat mit Pesto 51
Käse-Porree-Suppe... 26
Käsesauce 33
Kohlrouladen.. 119
Kräutercremesuppe 19
Kräuterdressing mit Buttermilch, grünes 39
Kräuterfleisch, mariniertes 87
Kräutersauce 33

L
Lachs-Mangold-Pfanne mit Tomaten 69
Lammkeule nach der 80-Grad-Methode.......................... 86
Leichte Mayonnaise 35
Linseneintopf mit Mettwürstchen 24
Linseneintopf, vegetarischer 24
Linsen-Fisch-Auflauf 65
Linsensuppe mit Joghurt, gelbe..................................... 25

M
Mailänder Risotto 140
Mamas Kartoffelsalat 50

Mangold, gedämpfter	109
Mariniertes Kräuterfleisch	87
Maultaschen-Sauerkraut-Auflauf	145
Mayonnaise	34
Mayonnaise, leichte	35
Meeresfrüchte mit Gemüse aus dem Wok	68
Mexikanische Rühreier	96
Minestrone	23
Möhren-Apfel-Salat	48
Möhren-Ingwer-Suppe mit Garnelen	21
Moussaka, vegetarische	115
Mousse au chocolat	150
Mousse mit Amarettini	150
Mousse, scharfe	150
Mozzarella-Klößchen	20

N

Nektarinen-Johannisbeer-Crumble	154
Nizza-Salat	54
Nudelsalat, bunter	49

O

Obstsalat	151
Ofenkartoffeln	133
Olivenpüree	123
Omeletts mit Tomaten und Mozzarella	100
Omeletts mit Champignonfüllung	101
Orangen-Panna-Cotta mit Rum	153

P

Pancakes	99
Paprikaschoten, gefüllte	118
Pellkartoffeln	124
Penne all'arrabbiata	142
Pesto (Italienische Basilikumsauce)	40
Petersilienkartoffeln	122
Pilz-Käse-Risotto	141

R

Ratatouille	110
Reibekuchen (Kartoffelpuffer)	130
Reibekuchen mit Räucherlachs	131
Reibekuchen mit Schnippelschinken	131
Reibekuchen mit süßem Quark	130
Reis, gedünsteter	136
Reis mit gebratenem Gemüse	138
Remouladensauce	35
Riesengarnelen mit Cocktailsauce, gegrillte	62
Rinderrouladen	80
Rindfleisch auf chinesische Art	89
Rindfleischbrühe	16
Rindfleischcurry, gelbes	29
Risi Bisi	140
Risotto	140
Risotto, Mailänder	140
Rösti	131
Rucola mit Parmesan	47
Rührei	96

Rühreier, mexikanische	96
Rumpsteaks mit Zwiebeln	73

S

Salat, grüner	46
Salat mit Früchten, grüner	47
Salzkartoffeln	122
Satéspieße mit Erdnusssauce	84
Sauerkraut	116
Scharfe Mousse	150
Schokoladenpudding	149
Schweinefilet, würziges	78
Schweinefleisch auf chinesische Art	88
Schweineschnitzel, paniert	76
Seelachsfilet, gebratenes	67
Senfsauce	33
Sommersalat mit Hähnchenbruststreifen	52
Spaghetti Bolognese	135
Spaghetti mit Gemüse-Bolognese	135
Spaghetti mit Tomaten-Basilikum-Sauce	134
Spargelcremesuppe	18
Spargel, grüner	105
Spargel-Schinken-Omelett	100
Spargel, weißer	104
Spiegeleier	94
Spiegeleier auf Bauernart	94
Spiegeleier mit Schinkenspeck	94
Spinat-Schafkäse-Lasagne	144
Spitzkohl-Fleischwurst-Pfanne mit Spätzle	117
Steaks mit grüner Pfeffersauce	72

T

Tafelspitz mit Meerrettichsauce	83
Thousand-Islands-Dressing	38
Tilapia-Filet auf mediterranem Gemüse	58
Tintenfischringe aus der Grillpfanne	63
Tiramisu	152
Tomatenfisch auf Gurkengemüse	61
Tomatenreis	136
Tomatensuppe	20
Tortellini mit Walnusskernen	143
Tsatsiki	41

V

Vanilleberg mit Erdbeeren	149
Vanillepudding	148
Vegetarische Moussaka	115
Vegetarischer Linseneintopf	24
Viktoriabarsch in Möhren-Nuss-Kruste	64
Vitello tonnato	82

W/Z

Weißer Spargel	104
Würziges Schweinefilet	78
Zitronen-Knoblauch-Butter	62
Züricher Geschnetzeltes	74
Zwiebel-Vinaigrette	36

Kapitelregister

Suppen & Eintöpfe
Rindfleischbrühe 16
Hühnerbrühe 17
Spargelcremesuppe 18
Kräutercremesuppe 19
Tomatensuppe 20
Mozzarella-Klößchen 20
Möhren-Ingwer-Suppe mit Garnelen 21
Gemüsesuppe „Querbeet" 22
Minestrone 23
Linseneintopf mit Mettwürstchen 24
Vegetarischer Linseneintopf 24
Gelbe Linsensuppe mit Joghurt................................ 25
Käse-Porree-Suppe 26
Chili con carne 27
Chili sin carne 27
Kartoffel-Kokos-Suppe mit Hähnchenfleisch 28
Gelbes Rindfleischcurry 29

Saucen & Dips
Helle Grundsauce 32
Béchamelsauce 32
Senfsauce... 33
Käsesauce 33
Kräutersauce 33
Mayonnaise 34
Leichte Mayonnaise 35
Remouladensauce 35
Kalte Currysauce 35
Aioli 35
Zwiebel-Vinaigrette... 36
French-Dressing 37
Italian-Dressing.. 37
Gorgonzola-Dressing 37
Thousand-Islands-Dressing 38
Joghurt-Dressing 38
Grünes Kräuterdressing mit Buttermilch 39
Pesto (Italienische Basilikumsauce)............................ 40
Tsatsiki.. 41
Guacamole (Mexikanische Avocadocreme) 42
Guacamole mit Tomatenwürfeln 42
BBQ-Sauce (Barbecue-Sauce) 43

Salate
Grüner Salat 46
Grüner Salat mit Früchten 47
Rucola mit Parmesan 47
Möhren-Apfel-Salat... 48
Gurkensalat 48
Gurkensalat mit Sauerrahm 49
Bunter Nudelsalat... 49
Mamas Kartoffelsalat 50
Kartoffelsalat mit Pesto 51
Sommersalat mit Hähnchenbruststreifen 52
Caesar's Salat 53
Nizza-Salat... 54
Griechischer Bauernsalat 55

Fisch & Meeresfrüchte
Tilapia-Filet auf mediterranem Gemüse 58
Gedünstete Fischmedaillons auf Gemüsenudeln 59
Fisch in der Hülle 60
Tomatenfisch auf Gurkengemüse............................... 61
Gegrillte Riesengarnelen mit Cocktailsauce................... 62
Zitronen-Knoblauch-Butter 62
Tintenfischringe aus der Grillpfanne........................... 63
Viktoriabarsch in Möhren-Nuss-Kruste........................ 64
Linsen-Fisch-Auflauf 65
Atlantikzungenfilet mit Spinat und Orange.................... 66
Gebratenes Seelachsfilet 67
Meeresfrüchte mit Gemüse aus dem Wok..................... 68
Lachs-Mangold-Pfanne mit Tomaten 69

Fleisch
Steaks mit grüner Pfeffersauce................................. 72
Rumpsteaks mit Zwiebeln 73
Züricher Geschnetzeltes.. 74
Gyrospfanne mit Knoblauch-Dill-Quark 75
Schweineschnitzel, paniert 76
Jägerschnitzel 76
Frikadellen 77
Hamburger 77
Würziges Schweinefilet 78
Calzone-Braten 79
Rinderrouladen 80
Gulasch 81
Vitello tonnato 82
Tafelspitz mit Meerrettichsauce................................ 83
Satéspieße mit Erdnusssauce 84

Hähnchenbrust mit Mozzarella	85	Kartoffelpüree mit Käse	123
Lammkeule nach der 80-Grad-Methode	86	Kartoffelpüree mit Pesto	123
Mariniertes Kräuterfleisch	87	Olivenpüree	123
Schweinefleisch auf chinesische Art	88	Pellkartoffeln	124
Rindfleisch auf chinesische Art	89	Kartoffel-Knoblauch-Pfanne	125
		Bratkartoffeln auf dem Blech	126
		Bratkartoffeln aus der Pfanne	127
		Kartoffelgratin	128

Eierspeisen

Gekochte Eier	92	Kartoffelgratin mit Champignons	129
Eier mit Senfsauce	92	Kartoffel-Möhren-Gratin	129
Eiersalat mit frittierten Möhren	93	Reibekuchen (Kartoffelpuffer)	130
Spiegeleier	94	Reibekuchen mit süßem Quark	130
Spiegeleier mit Schinkenspeck	94	Reibekuchen mit Schnippelschinken	131
Spiegeleier auf Bauernart	94	Reibekuchen mit Räucherlachs	131
Rührei	96	Rösti	131
Mexikanische Rühreier	96	Kartoffelecken mit Kräutern und Cocktailtomaten	132
Eierpfannkuchen	98	Ofenkartoffeln	133
Pancakes	99	Spaghetti mit Tomaten-Basilikum-Sauce	134
Spargel-Schinken-Omelett	100	Spaghetti mit Gemüse-Bolognese	135
Omeletts mit Tomaten und Mozzarella	100	Spaghetti Bolognese	135
Omeletts mit Champignonfüllung	101	Gedünsteter Reis	136
		Curryreis	136
		Tomatenreis	136
		Gewürzreis	137

Gemüse

Weißer Spargel	104	Reis mit gebratenem Gemüse	138
Grüner Spargel	105	Curry-Reis-Pfanne mit Cabanossi	139
Blumenkohl, klassisch	105	Risotto	140
Brokkoli	105	Risi Bisi	140
Blattspinat	106	Mailänder Risotto	140
Fenchel mit Butter und Parmesan	107	Pilz-Käse-Risotto	141
Gedämpfte Gemüse mit Zitronenbutter	108	Penne all'arrabbiata	142
Gedämpfter Mangold	109	Tortellini mit Walnusskernen	143
Ratatouille	110	Spinat-Schafkäse-Lasagne	144
Gemüsetopf, gedünstet	111	Maultaschen-Sauerkraut-Auflauf	145
Gemüse mit chinesischen Nudeln aus dem Wok	112		
Champignongemüse mit Rucola	113		
Frühlingsgratin	114		
Vegetarische Moussaka	115		

Süßspeisen & Desserts

Sauerkraut	116	Vanillepudding	148
Spitzkohl-Fleischwurst-Pfanne mit Spätzle	117	Schokoladenpudding	149
Gefüllte Paprikaschoten	118	Vanilleberg mit Erdbeeren	149
Kohlrouladen	119	Mousse au chocolat	150
		Mousse mit Amarettini	150
		Scharfe Mousse	150
		Obstsalat	151
		Tiramisu	152

Kartoffeln, Reis & Teigwaren

Salzkartoffeln	122	Orangen-Panna-Cotta mit Rum	153
Petersilienkartoffeln	122	Nektarinen-Johannisbeer-Crumble	154
Kartoffelpüree (Kartoffelbrei)	122	Apfeltarte mit Sonnenblumenkernen	155
Kartoffelpüree mit Knoblauch und Kräutern	123		

Umwelthinweis	Dieses Buch und der Einband wurden auf chlorfrei gebleichtem Papier gedruckt. Die Einschrumpffolie – zum Schutz vor Verschmutzung – ist aus umweltfreundlichem und recyclingfähigem PE-Material.
	Wenn Sie Anregungen, Vorschläge oder Fragen zu unseren Büchern haben, rufen Sie uns unter folgender Nummer an 0521 155–2580 oder 520650 oder schreiben Sie uns: Dr. Oetker Verlag KG, Am Bach 11, 33602 Bielefeld oder besuchen Sie uns im Internet unter www.oetker.de.
Copyright	© 2006 by Dr. Oetker Verlag KG, Bielefeld
Redaktion	Carola Reich, Ines Rascher
Titelfoto	Antje Plewinski, Berlin
Rezeptfotos und Stepfotos außer	Antje Plewinski, Berlin Thomas Diercks, Kai Boxhammer, Hamburg (S. 31, 45, 56, 57, 59, 65, 70, 87, 88, 96, 104, 107, 109, 125, 134, 143) Ulli Hartmann, Halle Westf. (S. 47, 100, 101, 111) Bernd Lippert (S. 23) Hans-Joachim Schmidt, Hamburg (S. 69, 79, 85, 92, 113, 132, 139, 151, 154) Norbert Toelle, Bielefeld (S. 67, 105, 147, 153) Brigitte Wegner, Bielefeld (S. 49, 55, 94, 97, 146) Winkler Studios, Bremen (S. 71) Bernd Wohlgemuth, Hamburg (S. 102)
Foodstyling	Anke Rabeler, Berlin
Rezeptentwicklung und -beratung	Anke Rabeler, Berlin Claudia Potgeter, Nordhorn Mechthild Plogmaker, Dr. Oetker Versuchsküche, Bielefeld
Grafisches Konzept **Titelgestaltung**	kontur:design, Bielefeld kontur:design, Bielefeld
Reproduktionen **Satz** **Druck und Bindung**	Mohn media Mohndruck GmbH, Gütersloh JUNFERMANN Druck & Service, Paderborn Mohn media Mohndruck GmbH, Gütersloh
	Die Autoren haben dieses Buch nach bestem Wissen und Gewissen erarbeitet. Alle Rezepte, Tipps und Ratschläge sind mit Sorgfalt ausgewählt und geprüft. Eine Haftung des Verlages und seiner Beauftragten für alle erdenklichen Schäden an Personen, Sach- und Vermögensgegenständen ist ausgeschlossen.
	Nachdruck und Vervielfältigung (z. B. durch Datenträger aller Art) sowie Verbreitung jeglicher Art, auch auszugsweise, nur mit ausdrücklicher Genehmigung und Quellenangabe gestattet.

ISBN 3–7670–0256–6
ISBN 978-3-7670-0256-2